Andreas Würfel

Geschichte des ehemaligen Nonnenklosters zu Pillenreuth „Maria Schiedung" genannt, in dem Nürnbergischen Gebiet

Andreas Würfel

Geschichte des ehemaligen Nonnenklosters zu Pillenreuth „Maria Schiedung" genannt, in dem Nürnbergischen Gebiet

ISBN/EAN: 9783744636025

Hergestellt in Europa, USA, Kanada, Australien, Japan

Cover: Foto ©Lupo / pixelio.de

Weitere Bücher finden Sie auf **www.hansebooks.com**

Geschichte
des ehemaligen Nonnen Klosters zu
Pillenreuth
Maria Schiedung
genannt,
in dem Nürnbergischen Gebiete,
aus des Klosters Urkunden zusammen getragen, und mit dienlichen Anmerkungen erläutert,
von
Andreas Würfel,
Pfarrer in Offenhaussen,
der Churbayrischen Academie der Wissenschaften, herzoglich Helmstädtischen und Altdorfischen deutschen Geselschaft Mitglied.

Innhalt.

§. 1. Bruschii Erzählung von dem Ursprung des Klosters Pillenreuth.
§. 2. Relation aus des Klosters Saalbuch von Ursprung des Klosters.
§. 3. Erinnerung gegen Bruschn und der Kloster-Frauen Erzählung.
§. 4. K. Ludouici Fundations-Brief.
§. 5. Konr. Großen, Schultheißens in Nürnberg, Dotations-Brief.
§. 6. Erbauung und Erweiterung des Klosters.
§. 7. Kayserliche Confirmationes.
§. 8. Alberti Bischofs zu Eichstädt Confirmations-Brief.
§. 9. Cardinals Pilei Ablaß-Brief.
§. 10. Die Kloster-Frauen nehmen Augustini Orden an.
§. 11. Des Klosters Contract mit dem Rath zu Nürnberg.
§. 12. Bischof Gabriels zu Eichstädt Reglement für die Nonnen.
    a. vom Gottesdienst.
    b. von der Pröpstin.
    c. von der Priorin.
    d. von der Schafnerin.
    e. von der Portnerin und Clausur.
    f. von der Siechmeisterin.
    g. von dem Sprachgitter.
    h. von den Kleydern.
    i. von den Novizen.
    k. von der Aigenschaft.
    l. vom Schweigen, Reden und Zellen.
    m. vom Capitelhalten u. Capitel stymm.
§. 13. von der Person und Pflichten der Pröpstin.
§. 14. von der Wahl einer Pröpstin, wie solche gehalten wurde.
§. 15. Verzeichnis der Pröpstinnen.
§. 16. Von der Amts-Verrichtung der Priorin.
§. 17. Von dem Nouitiat und Nouitiis.
§. 18. Von dem Profeß und wie solcher gehalten wurde.
§. 19. Ohne Vorwissen des Raths durfte niemand ins Kloster kommen.
§. 20. Moderation der Unkosten bey dem Profeß.

§. 21. Papſt Sixti Inhibition, wegen der Anzahl der Nonnen.
§. 22. Von den Seelgeräthen und daher entſtandenen Kloſter-Güttern.
    a. verſchiedener Perſonen.
    b. der Marggrafen zu Brandenburg Anweiſungs-Brief.
§. 23. Von dem Gericht zu Pillenreuth.
§. 24. Beyedung aller zum Gericht gehörigen Perſonen,
    a. Richters
    b. Schöpfen
    c. Gerichtſchreibers
    d. Gerichtknechts.
    e. Was bey Gericht muſte verleſen werden.
§. 25. Verſchiedene Schreiben an das Gericht
    a. Von dem Landgericht.
    b. Vom Gericht zu Schwandt.
    c. Von dem Kaſtner zu Roth.
    d. Von dem Richter zu Kazwang.
§. 26. Vertrag wegen einer Pfründtners-Stelle.
§. 27. Von dem Siegel des Conuents.
§. 28. Büſerhauß, bey dem Kloſter erbauet.
    a. Kühnhofers Stiftung.
    b. Vertrag zwiſchen dem Rath und Kloſter.
§. 29. Papſt Sixti Einwilligung.
§. 30. Dieſe Büſterinnen werden wieder abgeſchaffet.
§. 31. Papſt Leonis X. Indulgenz-Brief.
§. 32. Ein evangeliſcher Prieſter wird nach Pillenreuth geſchicket.
§. 33. Kloſter Prieſter ſollen nach Eichſtädt praeſentirt werden.
§. 34. Wegen des Bauren-Kriegs flüchten die Nonnen nach Nürnberg.
§. 35. Die Nonnen ſollen ihre Ordens-Kleyder ablegen.
§. 36. Die Nonnen folgen nicht.
§. 37. Die Nonnen werden examinirt.
§. 38. Ihnen wird ein evangeliſcher Prieſter zugeordnet.
§. 39. Das Kloſter wird geplündert und abgebrandt.
§. 40. Die Nonnen wollen das Kloſter wieder bauen.
§. 41. Uebergab des Kloſters.
§. 42. Der Baurenhof wird vererbt.
§. 43. Vermiſchte Nachrichten.
§. 44. Verzeichnis der Pillenreuther Herren Pfleger.

Be-

Beschreibung des Nonnen-Klosters zu Pillenreuth in dem Nürnbergischen Gebiete, Maria Schiedung genannt, St. Augustini Ordens.

§. 1.
Bruschii Erzählung, von dem Ursprung des Klosters Pillenreuth.

Jedoch in den vorigen Zeiten, beynahe kein Kloster gebauet worden, von dessen Ursprung man nicht vielerley Wunder erdichtet? Von der Stiftung des Klosters Pillenreuth in dem Nürnbergischen Gebiete, hat Caspar Bruschius in der Centuria Monasteriorum Germaniae, Ingolst. a. 1551. typis expressa, folgende Erzählung mitgetheilet: Pildenreutum Germanice Pillenreuth Canonissarum Regularium S. Augustini Coenobium perelegans, in nemore Norimbergensi, ad amplissimos lacus, non procul ab eiusdem potentissimae urbis latomiis situm, dioeceseos Aystettensis, sub tutela S. P. Q. Norimbergensis, coepit an. Christi circiter 1340. a quinque piis sororibus ac Imperatorii Gynaecei uirginibus, *Elisabetha*

betha *Vispeckina*, *Adelheide Zolnerina*, *Christina Venatrice*, *Khunegunde ab Ottensees* ac *Osanna Osterreicherina*, ex Deckendorf bauarico oppido nata, quae collectis aliis etiam octo fororculis, Imperatorem Ludouicum Bauarum, *Norimbergae tunc temporis Comitia habentem* precibus perfuaferant, ut fibi, in hoc nemore Coenobiolum conftrueretur, in quo Dei laudes, in bellis ab Imperatore geftis omiffae, adimplerentur, et ita, quod prius in cultu Dei neglectum fuiffet, ibi refarciretur. Imperator monitis puellarum ardore quodam diuini cultus flagrantium obtemperans, in die fancti Lucae Euangeliftae, anni Chriftianorum 1341, e Noriberga in uicinum nemus prodiit, ut coenobii futuri locum exploraret, quod cum in uicino pago Chtirnburgenfi (hodie Kornburgenfem uocant,) aufpicari uellet, cantu quodam mirae dulcedinis, inde ad nemus uocatus dicitur, ubi cum magnae et altae cuidam quercui, *Crucis*, quafi coelitus oftenfae, *imaginem imminere uidiffet*, equo mox lapfus, primus fecuri arborem eam notauit, et fe praefente excindi illam curauit, eumque locum ad conftruendum monafterium deftinauit: Vnde nomen etiam inditum eft, ut ab imagine crucis, quae apparuerit in illa nemoris parte, quae ad conftruendum domum pietatis ac difciplinae excindenda erat, *Pildenreutum diceretur*. Prodierat una cum Imperatore praepotens quidam patricius Norimbergenfis, Conradus Magnus, tunc temporis Scultetus, ut uocant, Noricus: Is praedium, quod in ea ipfa uicinia habebat, optimum, praefente Caefare, futurae monialium Congregationi, cum omnibus adiacentibus

tibus agris dono dedit, omnibus temporibus
possidendum. Imperator Coenobiolo egregium
dedit diploma anno Christi 1345 ducalis regni
sui 31. Imperii vero decimo octauo. Dedisset
etiam (ut promiserat) certos reditus annuos et
alia, nisi morte praeuentus fuisset. *Quarto
enim anno post primum huius loci initium, bonus
Imperator ueneno sublatus, extremum diem clausit.*
Sorores patrono suo praecipuo amisso et quoti-
diana hominum collatione et eleemosynis, tan-
tum tamen contraxerant, ut ex primo ligneo
templo saxeum facerent, decimo sexto anno,
post primam conuentionem. Tandem anno
Christi 1378. subdidere sese concordibus animis
Rabano, Episcopo Aystetensi, petentes ab eo
certum ordinem, qui misso ad eas Canonico
quodam, de Sancti Wilibaldi choro, Domino
Burcardo de Pleinfeld, consecrari ipsas, et sub
obedientiam accipi, canonissasque S. Augustini
Regulares designari fecit: et praepositam Guber-
natricem ceterarum elegit, Ao. 1379. in die
St. Thomae apostoli, mense Decembri.

Pillenreuth im Nürnbergischen Reichswald,
zwey Stund vor der Stadt, gegen Katzwang ge-
legen. Hönns topogr. Lexicon. p. 517.

§. 2.
**Relation aus des Klosters Saalbü-
chern, von Ursprung, Erbauung und Erwei-
terung der Clausen zu unserer Frauen
Schiedung in Pillenreuth.**

Nachdem wir Bruschii Meynung vorgetra-
gen, ist auch dasjenige anzuführen, was von
dem Ursprung, Erbauung und Erweiterung

der Clausen zu unserer Frauen Schiedung in Pillenreuth, die Nonnen in ihre Saalbücher einschreiben ließen. Diese Nachricht lautet also: Ursprung und Anfang des Klosters Wildenreuth, im Nürnberger Wald gelegen. A. Dni. 1341 hatte ein Kayser regieret Ludwig, ein Herr von Bayern, der ist ein Anfänger unsers Klosters, und aus ursach, dann es wurden zween Kayser zu Aach, Im 1315 Jahr zu Kaysern erwählet, Ludwig ein Herr von Bayern, und Friederich von Oesterreich, die kamen nach vollents zu Krieg, da verliche Gott, dem Kayser Ludwig den Sieg, daß er den oesterreicher schlug, und Friederich fieng, und wurf Ihn, in Kerker und ließ Ihn doch wieder auß, und wurdt ein vertrag gemacht, waren auch dazumal zween Bäpst, der eine crönet Ludwigen, der ander Bapst bannet ihn. Darnach Im 1341 Jahr, wardt Kayser Ludwig, mit samt seiner haußfrawen und den Jungfrawen zu Nürnberg, da wardt er vermant von seiner haußfrawen und den Jungfrawen seinem frawenzimmer, er solte Gott dem herrn, ein Wiederlegung thun, umb deßen, das Gott, viel Gottesdienst wäre abgangen, wo er gewohnt hett, dieweil er, Inn bann gewest. Und auff einen tag reutet er von Nürnberg Jagen aus umb Kornburg umb, da war es eitel walt und wüstung, da hört er Vogelsüngen, das er sein tag nit besser vogelsang gehört hätte, und sahe sich in die höhe umb, und sahe an dem himmel ein Crucifix, da stieg er selbst vom Pferd ab, und abhieb den ersten baum und bekennet, das die statt were, daran man billig Gott dient, und kaufft einen hoff der dabey stundt

einem

einem Großen ab, war ein Paurnhof, güng
von dem Kayser zu lehen, v. algendet den hof zu
dem Kloster, v. gab darzu zway Dörflein, Wu-
tzelndorf vnd Herpersdorf, mit sambt dem gericht,
vnd an der statt, da der Kayser das Crucifix
hatt gesehen, vnd er den ersten baum abgehauen,
da ließ er die erste Meß halten an st. Lucas
tag auf einer kuffen, da stet jezundt vnser Schöpf-
brunnen, wurd darnach ein hültzern Kirchlein
dahin bawet vnd was Kirchweyh an Sunntag
st. Trinitatis, das Kirchlein stunt nach volgends
16 Jahr, v. war geweihet in der Ehren Corpus
Christi, vnd der Schiedung v. himmelfart Ma-
riä, darnach besetzts der Kaiser mit fünf Jung-
frawen aus seinem frawenzimmer, da sind sie
zum ersten Klaußnerinnen genannt worden vnd
im Jahr - ist vnser Kloster reformirt worden,
vnd haben angenummen den Orden st. Augusti-
ni Canonicorum regularium. Darnach a. Dni
1356 da huben die Klaußnerinnen an zu Pauen,
eine stainerne Kirchen, dieselb Kirch kam darnach
In vnser Kloster, da vnser Kloster erweitert wart,
vnd da sie diese stainerne Kirchen anhuben zu
bauen, da hetten die Leut gesprochen, sie wären
es nit vermügen, daß sie eine stainerne kirchen
könnten pawen, da was ein frummer alter blin-
ter Mann, aus dem negsten Dörflein da ge-
west, der hett gesprochen, nein schweigt still, sie
werdens mit Gottes hülf wol volbringen, vnd
sprach, sie weren über ettlich Jahr noch eine
Kirchen pawen an der statt, vnd stopfft mit sei-
nem steckhen an die statt, da Jetzund vnser rech-
te Kirchen stehet. Vnd da es dieser Plint Mann
redt, darnach über 50 Jahr da wardt die dritt

Kirch an der statt gebawet. Wer hats diesem alten frumen Mann so vor viel Jharen gesagt, Nun, als die vorgeschrieben Clausnerin 38 Jhar beyeinander waren, da begehrten sie ein orden anzurichten, also hetten sie alle einträchtig erwöllt, den orden st. Augustini Canonice Regulares, solches hatten Sie, mit demütiger bitt anzeigt, dem bischoff Rabono, von Aichstett, der was solcher begehrung ganz willig gewest vnd hett in geben den habit vnd orden den wir tragen vnd hetten in gehorsam gelobet, das ist geschehen a. 1379. an sant thomas tag des haillgen Aposteln. Nach etlichen Jharen, da man das closter erweitert, da bawet man die dritt kirchen, als vorgeschrieben ist, die ward geweihet, in der Ehr assumptionis Mariae, vnd die kirche in vnserm Closter ward geweyhet in der Ehren st. Anna, das geschahe a. 1418 am nechsten Sonntag vor st. Laurenzentag. Das Crucifix, das Kayser Ludwig der stifter vnsers Closters ob in gesehen hatt, ist die gestalt vnd verwund bildung Jesu Christi gewest und nit ein schlechtes creutz.

§. 3.
Erinnerung gegen Bruschii u. der Klosterfrauen Vorgeben.

Ludovicus Bavarus, hat sich zwar vielfältig in Nürnberg aufgehalten. Allein, daß Er 1340 einen Reichstag in dieser Stadt veranstaltet, mag nicht erwiesen werden. Nur so viel ergiebet sich, daß er in dem obbesagten und in dem folgenden 1341sten Jahr, einer Landfriedshandlung beygewohnet. Alle Jahre, in welchen sich Ludovicus zu Nürnberg eingefunden, sind sorgfältig
aus

aus Urkunden erwiesen, in Perilluſtr. Domini Chriſt. Iac. Waldſtromeri oratione, de Curiis Regiis Comitiisque, ante Sanctionis Carolinae tempora Norimbergae celebratis, von p. 66. nota 43. biß pag. 74. nota 45.

Von denen Jungfrauen aus der Kayſerin ihrem Hofſtaat, welche die Kloſterfrauen und Bruſchius, mit Namen zu nennen wiſſen, auch von dem Vorhaben, die Clauſen in dem Dorf Kornburg anzurichten, iſt in dem Stiftungsbrief §. 4. nicht das geringſte veſtigium anzutreffen. So kan ich auch nicht finden, daß der Kayſer dorthin, auf die Jagd geritten ſey. Nur ſo viel läſſet ſich beſtimmen, daß Er dem Geſuch frommer Frauen und Jungfrauen, welche in der Stille ihr Leben hinbringen wolten, die Errichtung eines Kloſters beſtättiget, befreyet und beſchenket hätte.

Die Kloſter Frauen geben für, der Kayſer hätte das Crucifix, an dem Himmel erblicket, Bruſchius, ſetzet es auf eine Aichen herunter.

Eben ſo wenig hat es Bruſchius getrofen, wann er vorgiebet, das Kloſter wäre von dem Bild, welches der Kayſer geſehen, Bildenreuth genennet worden.

Ehe noch an ein Kloſter gedacht wurde, iſt lange zuvor ein Bauernhof hieſelbſt geſtanden, den man Wildenreuth genennet, und auf welchem Ao. 1300 Cunz Stöer geſeſſen. Vielmehr mag dieſer Hof den Namen überkommen haben, von der Wildnüß, welche ehehin daſelbſt geweſen und ausgeraitet wurde.

Bruſchius verſtöſſet ſich in der chronologie und in Beſtimmung der Art von
des

des Kaysers Tod. Wann das Kloster a. 1340. gestiftet worden, so müßte nach Bruschii Anzeige, des Kaisers Tod, A. 1344 eingefallen seyn. Allein, aus Burgundi historia bauarica Libr. III. p. 179. seq. ergiebet sich, daß der K. Ludovicus a. 1347 den 11ten Oct. als Er zu Fürstenfeld, auf der Jagd gewesen, von dem Schlag gerühret wurde, daß er von dem Pferde gefallen und sogleich gestorben. Man belegte die Iohannam Feretanam, Herzog Albrechts von Oesterreich Gemahlin, mit dem Soupçon, ob hätte Sie, dem Kayser das Gift beygebracht. Und dieß darum, weil sie kaum des Kaysers Klage, über die Leibesschmerzen, bey der Tafel mit angehöret, sie sich sogleich zu Pferd gesetzet, und die Nachhaußreyße solchergestalt beschleuniget, da sie sonst allezeit gewohnt gewesen wäre, sich fahren zu lassen.

Burgundus glaubet dieses Vorgeben selbsten nicht, sondern schreibet: Quam saepe fama mentitur!

§. 4.
K. Ludovici IV. Fundations-Brief.

Nos Ludovicus Quartus, Dei Gratia Romanorum Imperator, semper Augustus, ad perpetuam rei gestæ memoriam. Cœlestis humanæ fragilitatis Medicus, suæ Creaturae, generi scilicet humano per inobedientiam primi parentis miserabiliter et damnabiliter sauciato, non solum de sua redemptione prouidit, sed et salutifero doctrinæ virtutisque ardentius imbuit documento, dicens in Evangelio, manete in me et ego in vobis, quodlibet sui corporis membrum

brum ad opus pietatis et charitatis prouocans, et adstringens, ut qui in charitate manserit et opera charitatis prosecutus fuerit, in Deo maneat, et Deus in eo, quia Deus charitas est. Cum igitur adimplendam christi doctrinam, tanto propensiori amplecti teneamur affectu, quanto nos sublimius aeternae charitatis illustratos, super cunctum populum fidei christianae praetulit dignitate, ex singulari ac divina clementia nos suum, licet immeritum, constituens vicarium, ut eius pietatis ac charitatis vices in sancta ecclesia gerere teneamur, devotionis ipsius humiliter inhaerentes semitis ad voluntariae paupertatis amatores et Christi imitatores sic mentem nostrae pietatis reflectere volumus, ut ab eo, cui cuncta charitatis parent, et relucent opera peccatorum veniam, et devotionis praemia reportemus. Ea propter, cum plures Deo deuotas puellas seu foeminas sanctae paupertatis ardentes imitatrices, ad implendam vitam heremiticam affici videremus, attendentes ad nostrae imperialis majestatis praecipue et specialiter pertinere clementiam, talibus devotis et piis affectibus nostrae imperialis munificentiae non deesse suffragia, pro necessitate, commodo et habitatione duorum Sacerdotum, duodecim puellarum seu foeminarum et una earundem Magistra, nec non et suae familiae necessaria, quandam heremum seu clausam, et habitationem in Nemore *iuxta piscinas nostras* in propinquo Curiae dictae Pillenreut, quod vulgariter nuncupatur zu unserer Frauen Schiebung, infra *gades et limites parochialis Ecclesiæ Altdorfinæ* accedente eiusdem Ecclesiae parochialis Plebani consensu, ereximus et construximus

mus ac fundavimus, nec non et infra scriptis bonis dotavimus, ipsiusque loci erectionem, constructionem, fundationem et dotationem, confirmavimus, approbavimus et ratificavimus, nec non et præsentibus literis nostris confirmamus, approbamus et ratificamus expresse, in nomine patris, et filii et spiritus sancti, perpetuis temporibus duraturam. Ipsi quoque loco et personis inibi degentibus, secundum præscriptum numerum, ex nostra Imperiali clementia damus, donamus et appropriamus sylvam, in qua dicta clausa siue heremus situatur, cum prato, dicto *Erlnbasen* et duabus villis, videlicet *Herbrechtsdorf* et *Wutzelndorf*, cum omnibus juribus suis ac pertinentiis, nec non appropriamus ipsi loco et personis Curiam *Pillenreut*, a fideli nostro *Chunrado*, dicto *Groß*, Sculteto in Nuremberg, ipsis cum omni jure, ac pertinentiis liberaliter donatam et traditam ac etiam liberali donatione in ipsas transferimus, omnia et singula bona prædicta proprietatis titulo perpetuo possidenda, pro suis victualibus et necessitatibus, ut Deo liberius et commodius valeant deservire. Donamus insuper et conferimus decimam partem fructuum et emolumenti, quæ ex piscinis circumjacentibus in piscibus provenire poterit, et communem usum Nemoris, siue ius secandi nemus nostrum in lignis combustilibus ac etiam pro stucturis erigendis atque structurarum restaurationibus faciendis, prout sola earum necessitas exigit et requirit. Præterea concedimus et damus eisdem communem usum et Ius pascuorum, viarum, platearum communium stratarum, aquarum decursuum, et omnia ac ac singula Iura, libertates et gratias, quæ aliis ipsum nemus circumsedentibus, ex gratia, ex iure et ex antiqua deducta consuetudine sunt concessa, ita ut ipsis libere uti possint, ac uti, frui, contradictione cuiuslibet non obstante. Decernimus etiam et auctoritate nostra Imperiali ordinamus, ut altero sacerdotum defuncto vel cedente, aut certe ambobus cedentibus, alium seu alios seculares aut religiosos sibi assumere valeant, simile propositum seu affectum heremiticæ vitæ gerentem, vel gerentes, secundum quod sibi melius et ordinatius judicaverint provenire. Nulli ergo hominum liceat omnino, hanc nostræ fundationis, et confirmationis et etiam approbationis infringere paginam aut ipsum locum in personis ac rebus suis quomodolibet perturbare, sub nostræ obtentu gratiae, aut ei ausu temerario contraire. Si quis autem hæc attentare præsumserit, præter indignationem nostram, quam ipsum incurrere volumus ipso facto, poenam videlicet triginta librarum puri auri quorum medietatem Fisco nostro, reliquam vero injuriam passis applicare volumus, *omnipotentis iram ac indignationem se noverit incurrisse.* In quorum omnium testimonium et robur præsentes conscribi et nostræ Maiestatis sigillo iussimus communiri. Datum in oppido Nurenberg XII. die mensis Iulii, anno millesimo trecentesimo quadragesimo quinto, regni nostri anno tricesimo primo, Imperii vero decimo octavo.

Anmerkungen. Iuxta piscinas nostras. collato §. 3. *iuxta piscinas, quas Dominus noster Imperator custodiæ Friderici et Iohannis fratrum Vusbeken commisit.* Die
Bisch-

Vischbeken, sind sehr alten Adels und hatten ihren Ansiz, in dem noch bekannten Nürnbergischen Dorf Vischbach. Ihnen ist eine der Nürnbergischen Burghuten anvertrauet gewesen, samt vielen Weyhern, so Sie als ein Feudum mixtum innen gehabt, sonderlich diejenigen, welche bey Pillenreut noch zu finden sind. Sie haben dabey ein Hauß aufgeführet, welches §. 8. castellum, munitio genennet wird. Weil der Rath zu Nürnberg besorgte, wann noch mehrere Weyher, auf dem Reichswald gegraben würden, möchte es, wegen ausraiten des Holzes bedenklich fallen: die Vischbecken musten sich dahero reversiren, daß Sie nicht mehr Wald ausraiten, noch andre Weyher machen wolten, u. da sie die gemachten verkauften, Sie, solche dem Rath anbiethen solten. actum Samstag nach st. Elspeten tag 2. 1329. Nachgehends hat der Rath zu Nürnberg, diese der Vischbecken ihre Weyher und noch andere, zu Königsbruck, Weisensee und Kazwang, samt denen in Erlach gelegenen, welche die Vischbecken von K. Ludwig und K. Carolo IV. als Erblehen innen hielten, um 2500 fl. an sich gelöset. Endlich hat K. Carolus IV. die Stadt priuilegiret, daß solche Weyher, zu ewigen Zeiten bey der Stadt Nürnberg unverpfändet verbleiben solten. datum Mainz tag nach st. Christofentag. 1354.

Frauen schiedung oder Maria Himmelfarth, fället auf den 15 Augusti. S. Haltausium, in seinem calendario medii ævi, p. 116. §. 50.

Gades et Limites parochialis ecclesiæ Altdorfinæ. Gaden, Confinia. Lat. Gades. Siehe Haltausii Gloss. germ. medii ævi p. 582. Rusticanus terminorum interpres: gades, ein tail des Landes, das da tailt vnd vnderschaidt.

Si quis hæc attentare præsumserit - omnipotentis iram. Von denen Fluchclauseln, womit auch die Kayser ihre Urkunden zu bevestigen suchten, Siehe Herrn Dr. Joachims Einl. zur teutschen diplomat. IXtes Hauptstück §. 13. seq. Eckhardi introduct. in Rem diplomat. Sect. III. c. III. §. 28. p. 131. seq. Ertels Churbayerischen Atlant. T. II. p. 102 seq.

§. 5.

§. 5.
Dotations-Brief H. Konrad Großens
Schultheißens in Nürnberg de a. 1345.

Ich Chunrat Groz, Schultheizz ze Nürnberch vnd Stifter der Closen ze der Pillenrewt ze vnnserer frawen Schidung genannt, vergich offennlichen an dizem brief allen den di in lesent oder horent lesen, daz ich mit wolbedachten Mut ze der zeit do ich ez wol getun mocht, durch Gott vnnd durch mein vnnd meiner vordern sel will'n geb'n han ze einem ew'gen Selgret, den hof ze der Pillenrewt, den ich kawft vmb den hordler v. sein eelich wirtin, vmb zwai hunndert phunnt haller, do di Closen auffsteet, den Erb'n gaistlichen frawen vnnd Closnerinnen di in derzelben Closen wonnhaft sint v. allen iren nachkommen ze nüzzen vnd ze haben ewigclichen. daz han ich in geben die zwai dörfer Herberstorf v. Wozelndorf di mein pfannt war'n von dem reich, von meinem gnedigen Herrn Kayser Ludwig'n von Rom. Dizelben zwai dorfer sag ich in gentzlichen ledig, vnd den hof der vorgeschrib'n stet, vnnd gib in dib gut alle mit gericht, mit holtz, mit wazzer vnd waid, mit allen den rechten di daze gehörn, swi dib genannt sint, besucht vnd vnbesucht, an alles geuerde, vnd alz si von meinem gnedigen Herrn Kayser Ludwigen von Rom, brief darüber habent vnnd schullen auch davon alle iar zeit mir begeen, alz si brief darüber geben habenn. Vnd daz dizer vorgeschriben sache alle fürbaz stet vnnd vnzerbrochen beleibe, darüber gib ich in dizen brief zw ainer offen vrkunte dizer sache versiegelt mit meiner

Insigel, das daran hanget, der gebenn ist, nach cristus geburt dreyzehenhundert iar, darnach in dem fünf vnnd virzigisten Jar, an sant Walpurgen abent.

Anmerkungen. Seelgerethe, ist eigentlich ein Vermächtnis, welches man zur Rettung der Seele aus dem Fegfeuer, entweder an Gült, Zehenden oder liegenden Güttern, an ein Kloster vermachte. Confer Wachteri gloss. p. 1499.

Besucht und unbesucht. In denen lateinischen Urkunden, wird diese Redensart, durch quæsitis et inquirendis, oder auch durch quæsitis et acquirendis, ausgedrücket. Siehe Herrn v. Gudenus Cod. Dipl. Tom. I. num. VII. p. 11 et 13. num. VIII. durch besucht und unbesucht sind zu verstehen alle Zehenden, die man allbereit einfängt, samt denjenigen, welche durch Neubrüche und Neugereuth noch dazu können gebracht werden. S. Werndle vom Zehend-Recht pag. 364.

Herberstorf v. Worzelndorf- pfand vom Reich. Siehe historiam Norimberg. Diplomaticam p. 327. n. 121.

Von Conrad Großen, ist eine weitläuftige Erzählung, in denen Historischen Nachrichten, von der Stadt Nürnberg p. 101. seq. und in Falkenstains Nürnbergischen Chronik p. 418. zu finden. Dieser ist noch beyzufügen, daß er folgende Ehrenstellen in Nürnberg bekleidete. A. 1329. stunde Er als Pfleger, bey dem Catharina-Kloster. A. 1332. wurde Er junger Burgermeister. A. 1333. Pfleger des von ihm gutentheils errichteten neuen Spitals zum Heiligen Geist. A. 1339. Stadtschultheiß starb 1356. den 6 Maii. Siehe die Diptycha Ecclesiae ad Spiritum Sanctum p. 9.

§. 6.
Erbauung und Erweiterung des Klosters Pillenreuth.

Anfänglich ist die Kyrche, das Kloster, und andere darzu gehörige Gebäude, nur von Holz

Holz erbauet gewesen. Durch die gesammlete Almosen, und durch Beytrag etlicher milden Stiftungen, haben die Klosterfrauen, so viel Geld zusammen gebracht, daß sie, nach Verfliesung weniger Jahre, ihre schlechte Claußen abbrechen, und von Stainen, weit grösser und ansehnlicher aufführen kunten. Nachgehends veranstaltete die Pröpstin Barbara von Haßlach, noch einen prächtigern Bau. Herr Hiltpolt Kreß, zu Nürnberg, hat zu diesem Bau 600. fl. aus guter Andacht verehret. Das neue Gebäude ist a. 1404. vollführet worden, und muß, wie aus den wenigen übrig gebliebenen ruderibus abzunehmen, welche in Johann Christ. Volkamers, Nürnbergischen Hesperidibus Tomo I. p. 150. a zu sehen sind, sehr splendide gewesen seyn. Siehe oben §. 2.

§. 7.
Kaiserliche Confirmationes des Klosters zu Pillenreuth.

Kayser Carl IV. hat dieses Kloster, welches er nennet, die Cloßen zu unserer Frauen-Schiedung gelegen, in fundo dicto Pillenreuth, in sylua Norimbergensi, dioecesis Eysterfensis, auf Anhalten Conraden Großens Schultheißens zu Nürnberg bestättiget. sub poena quadraginta librarum auri puri, datum Sulzbach a. 1356. In dieser Bestättigung, sind als Zeugen eingeschrieben: *Rupertus Senior Palatinus Rheni, Dux Bauariae, Archidapifer; Rudolphus senior, Dux Saxoniae, Archimarschallus; et Ludouicus Romanus Marchio Brandenburpensis et Lusatiae, Archicamerarius sacri Romani Imperii;*

Henricus Lubnicenſis, Theodoricus Mundenſis, Epiſcopi; Bolcko Falckenburgenſis; Bolcko Opalienſis, et Primislaus Theschnicenſis, Duces. Vlricus de Roſenberg, Ruzzo de Lutiz, Subcamerarius Regni Bohemiae, et alii quam plures.

Dieſen Brief hat Caroli IV. ſein Sohn der Wenceslaus, als Römiſcher König, inſerto integra literarum tenore beſtättiget, ſub dato Nürnberg Idibus Iunii anno 1382. Beyde Urkunden nennen den Gruſſen, Fundatorem, und wird Kayſer Ludwigs gar nicht gedacht.

Rupertus Römiſcher König hat alles, was K. Carl IV. dem Kloſter Pillenreuth beſtättiget, gut geheiſen, ſub dato 1401. feria ſecunda proxima poſt dominicam, qua cantatur in Eccleſia Dei, Laetare.

K. Siegmund, confirmirt der Pröpſtin und dem Convent zu Pillenreuth, alle und jegliche, Ihre Begnadigungen, Freyheiten, Rechte, Gütter, gute Gewohnheiten, Briefe und Handveſten, die ihre Vorfahren, von denen Römiſchen Kayſern und Königen und ſonſt andern geiſtlichen und weltlichen Perſonen erlanget. Hiernächſt nimmt er auch die Pröpſtin ſamt ihren Kloſterfrauen, Güttern und Unterthanen, in ſeinen, und des Reichs Schutz und Schirm. Datum Nürnberg a. 1414. den nächſten Tag nach ſt. Michelstag.

Von Kayſer Friederich iſt eine gleichförmige Beſtättigung vorhanden, mit angehängtem Schutz, ſo er dem Kloſter zuſaget; ſie iſt datirt zu Nürnberg a. 1444. Samſtag nach ſt. Michelstag.

§. 8.

§. 8.

**Biſchof Albertus zu Eichſtädt confir-
mirt die Stiftung des Kloſters Pillenreuth.**

Albrecht von Hohenfelß, erwählter und
beſtättigter Biſchof zu Eichſtädt, hat die Stif-
tung der Clauſen zur Frauen Schiedung beſtät-
tiget a. 1345. am Abend vor ſt. Jacobstag. In
dieſem offenen Brief ertheilet er der Clauſen,
das Ius ſepulturae, und denen zwey Prieſtern
deſſelben, die Freyheit, daß ſie auf dem Hof
zu Wildenreuth und auf dem dabey liegenden
Schloß der Viſchbeckhen alle Gottesdienſtli-
che Handlungen verrichten dürften, damit aber
dem Plebano der Pfarrkyrchen zu Altdorf, und
deſſen Cappellano zu Kornburg, der bißher in
dem gedachten Pillenreuth die actus parochiales
gehabt, an denen Einkünften nichts abgehen
möchte, ſo iſt von dem Biſchof die Vorſehung
geſchehen, daß man von dem Einkommen des
Kloſters, dem Vicario in Kornburg, alle Jahr
2 Pfund Heller reichen muſte, zu einer recom-
penſation deſſen, was ihm etwan abgehen möchte.
Wir wollen dieſen Beſtättigungs-Brief, wie
wir ihn von dem Original ſelbſt abgeſchrieben,
treulich mittheilen.

Nos Albertus Dei gratia. *Electus* et *Con-
firmatus* Ecclesie Eyſtetten. Recognoſcimus et
ad preſencium ac futurorum memoriam cupi-
mus peruenire. Quod cum *Sereniſſimus* domi-
nus noſter Ludowicus Imperator Romanorum,
ſemper auguſtus, ſue memor ſalutis, quendam
Heremum ſeu habitacionem pro neceſſitate et
commodo piam et heremiticam vitam in Chri-
ſto ducere volentium, erexiſſet, fundaſſet, et

B 3   Do-

Dote sufficienti dotasset, infra Gades ac limites parochiæ Altdorf, in nemore iuxta piscinas, quas idem Dominus noster Imperator Custodie Friderici et Iohannis fratrum dictorum Vischbecken, commisit, ac in eodem Loco siue Heremitica mansione Duodecim puellas seu feminas, et vnam earundem Magistram cum duobus sacerdotibus locasset, postulans, ut eundem locum et personas secundum ordinationem et institutionem per eundem serenissimum Dominum nostrum instituta, ac ordinata, ex nostra ordinaria auctoritate approbare ac confirmare dignaremur, Et eisdem ædificationi, erectioni et fundacioni, nostrum preberemus assensum. Cum ergo tanto acrius in diuinis debeamus oblectari cultibus, quanto altius in ecclesia dei dignitatis vastigium ascendimus, attendentes, quod dicta fundacio, ereccio et dotacio, praeclarissimi domini nostri tam sancta tamque pia, diuini cultus et religionis augmentum multipliciter introducant, Considerantes etiam quod ad nostrum pastorale officium precipue pertinet, Talibus piis et spiritualibus operibus maxime in ordinationibus perpetuis dare et exhibere consilium auxilium et favorem predictam et Institutionem et dicti Loci dotationem ac Erecrionem, quantum nos et nostram Ecclesiam Eystettensem predictam tangunt aut tangere possunt quouis modo, de consensu nostri capituli expresso Tractatu super hoc diligenti prehabito, meliori modo et forma, quibus possumus et valemus approbamus et ratificamus, Credentes ex hoc condicionem nostram ac nostre Ecclesie Eystettensis et etiam parochialis ecclesie in Altdorf facere

cere meliorem ac non deteriorem, Dantes dictis Sacerdotibus duobus ibidem exiſtentibus aut in futurum perpetuis temporibus ſibi ſuccedentibus, et in eodem loco manentibus, plenam auctoritatem ad miniſtrationem Sacramentorum omnium ac ſingulorum, Ita ſane, ut perſonas in dicto heremo manentes, ac familiam earum, nec non familiam et omnes inhabitantes Caſtellum ſiue Munitionem et Curiam dictorum fratrum Viſchpekchen. Inſuper et familiam inhabitantem Curiam dictam Pillenrevvt procurare et munire poſſint, et valeant ſacramentis penitencie, Euchariſtie et vnctionis extreme. Nec non et alia Sacramenta poſſint et valeant libere noſtra auctoritate ordinaria miniſtrare. Et vt in locis dictis morientes, ac quoſcunque alios in cemiterio dicte Cluſe ſeu heremi ſepulturam eligentes, abſque preiudicio tamen funeralium debitorum parochialis eccleſie vnde aſſumantur, tradere valeant, eccleſiaſtice ſepulture, porro vt debitus honor et recompenſacio parrochiali fiat Eccleſie in Altdorf predicte et eius plebano, Idem Sereniſſimus dominus noſter Imperator ſtatuit et ordinavit, ut decuria Pillenrevvt predicta perpetuis futuris temporibus vicario ſeu Cappellano Capelle in Kurnburg, due Libre hallenſium in recompenſationem omnium et ſingulorum, annis ſingulis miniſtrentur. Vnde nolumus ac etiam firmiter inhibemus, ne ultra hoc vel ipſi vel eorum familia aut etiam preſcripta Loca inhabitantes quibuscunque aliis conſtitutionibus Iuribus aut conſuetudinibus, a predicto plebano vel quocunque alio eius nomine vllatenus aggraventur. In

quorum

quorum omnium robor et evidens teſtimonium ſigillum noſtrum preſentibus eſt appenſum. Nos vero ... prepoſitus, Totumque capitulum ecclesie Eyſtettenſis ſuper omnibus predictis cum domino noſtro Electo et Conſirmato ſupra ſcripto diligenti tractatu habito. Eisdem ex certa ſcientia conſentimus ac ſigillum noſtrum hiis ſcriptis, vna cum ſigillo Domini noſtri Epiſcopi iam dicti appendimus in perpetuam roboris firmitatem. Et ego heinricus plebanus in Altdorf, attendens conditionem parrochialis Eccleſie mee non facere deteriorem ymmo meliorem acceptata refuſione preſcripta, omnibus et ſingulis in hiis literis contentis aſſenſi et preſentibus aſſencio, Nec non ſigillum meum vna cum ſigillis Reverendi in Chriſto patris ac domini noſtri domini Alberti Electi et confirmati, atque capituli ecclesie Eyſtettenſis ex certa ſcientia duxi preſentibus appendendum in robor et teſtimonium omnium preſcriptorum. Actum et Datum Eyſtet. Anno Domini milleſimo Trecenteſimo Quadrageſimo Quinto. In vigilia beati Iacobi Apoſtoli.

Anmerkungen. Electus et Confirmatus. Albrecht von Hohenfels, wurde von dem Capitel erwählet und von Papſt Clemente VI. wieder abgeſetzet, um deswillen, weil Er die Confirmation zu Mainz geſucht v. erhalten. Der Papſt verordnete an ſeine Statt Herrn Bertold Burggrafen von Nürnberg Land-Commenthur des teutſchen Ordens, derſelbe wolte aber den von Hohenfels nicht verſtoſſen, ſondern hat allererſt a. 1355. da Albertus im Ianuario geſtorben, ſich des Regiments angenommen. Falkenſteins antiquitates Eyſtettenſes Tom. I. c. 45. p. 185.

Sereniſſimus Imperator. Sereniſſimus und Serenitas, ſind in denen älteſten Zeiten, die Kayſerlichen Titulaturen geweſen. Davon iſt Nachricht zu finden

den in Speners Teutschen Iure publico, Tom. IV. c. I.
§. 4. p. 360. nota e.

Das original dieses Bestättigungs-Briefs, ist einen Schuh und 8. Zoll breit, bestehet aus 21 Zeilen und zwey Worten. Die daran hangende oblonge Sigille sind noch alle wohl behalten. Um das bischöfliche ist zu lesen: ✠ Albertus Dei Grat. Eltus et confirmatus Eccle. Eystetensis (Albertus Dei gratia Electus et confirmatus Ecclesiae Eystetensis) Der Bischof sitzet, in seinem Priester-Kleid, auf einem schlechten Kiß-Sessel, in der linken Hand hält er das Chor-Buch, die rechte leget er auf die Brust, das Haupt ist mit einer mitra bicorni bedecket, die Füsse ruhen auf einem Schemel. Das Sigillum capituli, ist etwas grösser und auch dicker. Der heilige Wilibaldus præsentiret sich in pontificalibus sitzend. In der rechten Hand siehet man ein Buch, mit der linken hält er den Krumstab; auf der Brust, kan man ein Agnus Dei ganz deutlich erblicken. Die Umschrift lautet also: ✠ S. Capituli. Ecclesie. Eystetensis. In dem innern Reif, um das Bild des Wilibaldi stund: ✠ SCS (sanctus) Willibaldus. ✠

Das Siegel des Plebani zu Altdorf ist auch länglich, 2 Zoll hoch und einen breit. Dasselbe stellet den Engel Michael vor, mit ausgebreiteten Flügeln, auf dem Drachen stehend, wie er mit einer Lanze diesem den Kopf durchstößet. ✠ S. E. Veri Pastoris Ecclesie in Rasche. (Sigillum Enrici veri Pastoris etc.) Es nennet sich dieser Henricus hier den verum pastorem darum, weil damalen ein vice Plebanus, auf der Pfarr mag substituirt gewesen seyn.

§. 9.

Cardinals Pilei Ablaß-Brief, welchen Er dem Kloster Pillenreuth ertheilet.

Pileus miseracione Divina tituli sancte Præ-
:dis presbyter Cardinalis ad infra scripta apo-
)lica auctoritate suffulti. Vniversis Christi fi-
deli-

delibus presentes literas inspecturis. Salutem in domino. Splendor paterne glorie qui sua mundum illuminat ineffabili claritate pia vota fidelium de clementissima ipsius maiestate sperancium, tunc precipue pro favore prosequitur cum devota ipsorum humilitas sanctorum precibus et meritis adiuvatur ac Christi fideles eo libencius ad devocionem confluent quo ibidem uberius dono celestis gracie se conspexerint refectos. Cum igitur dilecte nobis in Christo prepositа et Conventus Monasterii sanctimonialium in Pillenrevt ordinis regularium Canonicorum sancti augustini Eystettensis diocesis ad ecclesiam ipsius monasterii specialem gerunt devocionem et affectionem, prout accepimus nobisque humiliter supplicarunt ut pro devocione ipsius augmentanda spiritualia munera largiri dignaremur. Nos igitur dictis supplicationibus favorabiliter annuentes de omnipotentis Dei misericordia et beatorum Petri et Pauli apostolorum eius meritis et auctoritate predicta confisi omnibus vere penitentibus et confessis, qui dictam ecclesiam in festivitatibus videlicet Nativitatis, Resurrectionis et Ascensionis Domini nostri Ihesu Christi, Pentecostes, Trinitatis et Corporis Christi singulisque festivitatibus beate Marie virginis et sanctorum apostolorum et quatuor doctorum, Ambrosii, Ieronimi, Augustini, Gregorii ac patronorum et dedicatione ipsius ecclesie devote visitaverint, Centum dies de iniunctis eis penitenciis auctoritate prelibata misericorditer relaxamus Datum Nuremberge Bambergensis diocesis xiiij Kal. Iulii pontificatus sanctissimi in Christo Patris et Domini
noftri

noſtri domini Vrbani diuina prouidencia papæ
Sexti, anno ſecundo.

viſae
Gherardus
Ra. Se.

Anmerkung. Vrbanus VI. ein Neapolitaner wurde
1378. erwählet; iſt alſo dieſe Ablaß-Bulle A. 1380. den
18 Iunii ertheilet. Das Siegel des Cardinals iſt läng-
lich, mit rothen War in einer gelben Wachs-Capſel
eingedruckt, und ſtellet die Maria vor, zwiſchen zwo
heiligen Frauen ſtehend, in der rechten Hand den
Palmzweig, in der linken ein Buch haltend. Die Um-
ſchrift S. Pilei T. T. Scte Praxedis Presbyteri Cardi-
nalis. Dieſer Cardinal Pileus hatte denen Carthäuſer
Mönchen auch die Freyheit ertheilet, die Carthauſſen
in Nürnberg, welche Herr Marquard Mendel geſtif-
tet, zu erbauen. Er beſchenkte die Carthäuſer Kirche,
mit einem ſchönen Gemählte, mit dem Frauenbild, und
worauf auch er im Bildniß mit ſeinem Wappen zu er-
ſehen war.

§. 10.

Die Pillenreuther Kloſter-Frauen nehmen Auguſtini Orden an, und ſolchen beſtät-
tiget ihnen Rabno, der Biſchof zu Eich-
ſtädt. Anno 1378. d. 28 Decembris.

Biß gegen das Jahr 1377. lebten die Pil-
lenreuther Kloſter-Frauen beyſammen, ohne
ſich an gewiſſe Ordensreguln zu binden. Weil
aber daraus viele Unordnungen entſtanden, ſo
wurden ſie mit einander einig, das willkür-
liche abzuſchaffen, dargegen Auguſtini Or-
densreguln anzunehmen und ſich gänzlich dar-
nach zu beſcheiden. Sie wendeten ſich des-
wegen an den Biſchof Rabno, der ein Schenk
von Weylburgſtetten geweſen, und baten Ihn,
als dioecesanum, um die Confirmation und
Weyhe,

Weyhe, das Gesuch wurde von ihm genehm gehalten, und Burckhard von Bleyrelth, Domherr u. Capellan der st. Wilibalds Kyrchen zu Eichstädt, mit voller Gewalt, an das Convent nach Pillenreuth abgeschicket. Bey seiner Ankunft musten die Kloster-Frauen profess ablegen, das Ordens-Kleyd anziehen, und den Anfang machen nach st. Augustini Regul zu leben, auch sich mit einander vergleichen eine aus ihren Mitteln, zur Pröpstin zu erwählen, und bey dem ordinario die Bestättigung zu suchen. Rabnonis Confirmations-Brief, ist meistentheils mit abgekürzten Worten geschrieben, und daher schwer zu lesen. Wir wollen diesen Brief in extenso mittheilen, und die abbreviaturen in ihrer Bedeutung beysetzen:

Rabno Dei gracia Episcopus Eystetensis, ad memoriam sempiternam. Dominus et Saluator noster, per prophetam, Vovete, inquit, et reddite Domino Deo vestro, omnes, qui in circuitu eius affertis munera. Per hoc diuine sue prouidencie salutare consilium, quo non quoslibet indistincte, sed specialiter deuotos suos sua videlicet ei munera spontanee offerentes, pro maiori deuocionis et salutis ipsorum augmento ad promittendum vota sua eisdem muneribus exhortatur, omnibus patenter insinuans, illa sibi fidelium suorum obsequia que ei per fideles eosdem piis ipsorum votis præviis exsoluuntur, Istis ad que exhibenda fideles ipsos nulla votorum astringit necessitas, esse et certe multo graciora, Tum quia in istis quidem solus fructus, in illis vero cum arbore fructus offertur, Tum quia arbor illa votum videlicet

tanta

tanta dignitate præfulget, ut opus latrie que est inter morales virtutes precipua censeatur. Tum eciam quia voluntas hominis per motum ipsum immobiliter firmatur in bonum, quod utique ad perfectionem virtutis dinoscitur pertinere, Dilecte itaque in Christo conventus regularis Ecclesie sancte Marie virginis in Byllenreuth ordinis canonicorum regularium beati Augustini nostre diœcesis. Postquam iam dudum sicut accepimus propter sponsi celestis amorem, cui iuxta apostolum vni viro se virginem castam non quidem voto sollempni sed simplici exhibere desponderant, hoc presens nequam seculum relinquentes sese aput dictam ecclesiam inclusissent easdem inibi sponsi sui adventum ornatis opetum deuocionis siue prout ipse eis dabat lampadibus sub spe firma introeundi cum eo ad nuptias, expectantes. Tandem post annos plurimos primum de prescripte conclusionis veritate prudenter edocte, illamque desiderabiliter amplectentes investigare ceperunt religiones diuersas et ipsarum obseruancias, mente sollicita pertractarunt, ut in una ipsarum, quam ducerent eligendam, illa sui opera amulatus, que liberis mentibus usque tunc, virtutum dominio in spiritu humilitatis impenderant, exinde ei celebris voti necessitate contricte laudabilius exhiberent. Et quia ad ordinem canonicorum regularium beati Augustini redictum pre aliis religionibus memoratis ipsam trahebatur affectio eiusque eciam obseranciam per annum et amplius, citra tamen us professionem quamcunque, fuerant iam perte, Illum sibi assumere cupientes nobis

per

per certas suas literas summatim dictarum informacionis et intencionis earum seriem exponentes humiliter supplicarunt quatenus ipsis super eo, consilium, auxilium, oportuna impendere paterna prouidencia dignaremur. Sed licet spiritus quidem noster promptus fuit ad promissa, caro tamen infirma, ea iuxta exigentiam tante rei adimplere nequiuit. Et idcirco quod non potuimus per nos ipsos, saltem per aliam personam ydoneam perficere cupientes, ad meritoriam execucionem operis tam diuini, fidelem ac familiarem nostrum Burkhardum de Bleyvelth Canonicum ac capellanum Chori sancti Wyllibaldi Ecclesie nostre Eystetensis, virum utique prouidum et discretum et eidem operi quam plurimum congruentem, nostris precibus decreuimus inuitandum, plenum ei, de fratrum nostrorum capituli Eystetensis consilio et assensu per certas nostras literas auctoritatem nostram in subscriptis articulis specifice committentes; Qui dictis precibus acquiescens ad predictam accessit Ecclesiam et ibidem diligencius inquisita et inuenta firma perseuerancia dicti propositi earundem, eas suppliciter hoc petentes ad predicti ordinis professionem admisit et professionem ipsam a singulis earundem in hec verba recepit: Erberger herr, ich N. vergih vnd gelob in ewer gegenwertikeit Gott vnd meinem herrn ... bischof zu Eysteten gehorsam zu seyn fürbaz die weil ich leb nach der regeln sant augustins. Eisque continuo post hec habitum tradidit ordinis sepe dicti, suis corporibus tanquam suaue iugum domini toto vite sue tempore humiliter deferendum, et tam ipsas,

quam

im dictam earum Ecclesiam iucorporavit
ini canonicorum regularium beati augustini
dicto, ac decrevit ipsas et eis in dicta Eccle-
succedentes tandem quoque Ecclesiam atque
a sua presencia et futura debere ecclesiasticis
dere immunitatibus et libertatibus ac nichilo-
us dicti ordinis priuilegiis vniuersis. Ceten
n unanimi ipsarum consensu accedente sta-
t duodenarium canonicarum regularium in-
sarum numerum deinceps fore in dicta eccle-
perpetuis temporibus inviolabiliter obseruan-
m, ut nullam videlicet inibi debeat de cetero
Canonicam regularem inclusam ultra nume-
n recipi memoratum. huic quoque suo statu-
de expressa earum voluntate adiecit quod ipse
eis in dicta Ecclesia futuris temporibus ut pre-
itur succedentes sub perpetua debeant aput
am ecclesiam iuxta constitucionem felicis re-
rdacionis Domini Bonifacii pape viij super
c editam remanere clausura, ut autem eedem
nonice regulares dyabolo, qui sicut Leo ru-
ns circuit, querens quem deuoret, et ma-
ne illos quos ardenciores inuenit in seruicio
atoris eo validius possint resistere quo castra
ustralia, in quibus regi celesti per dictam pro-
sionem militantibus eius matricolis iam as-
ipte feruenter militare desiderant firmius fue-
t communita, nos duplici castrorum huius-
di firmitati apostolice videlicet et canonice
dicte ymmo nostre constitucionibus memo-
is duximus superaddendam et terciam hanc
icet dictarum Canonicarum regularium no-
nacionem breuissimam ut videlicet incluse
petuis temporibus nominentur, quatenus
hac

hac ipsa nominacione frequenter commonite remanere cupiant, quod dicuntur: Confidimus enim in domino quia hic triplex funiculus duarum scilicet constitucionum et nominacionis huiusmodi facile non rumpantur. Postremo, quia sicut in apibus princeps unus est, et grues unam sequuntur ordine seruato, Ita et nulla congregacio hominum quocunque illa nomine censeatur, diu sine capite stare potest, Idcirco prefatus canonicus dictis inclusis precepit, ut unam ex se ipsis, quam dignam et ad hoc opus ydoneam estimarint, quanto celerius poterint, sibi eligant in prelatam, quam nos confirmacionis electionis eius obtenta censuimus, et censemus extunc prepositam iam antea nominandam. Et dicto suo precepto addidit idem Canonicus, quod electrices electionem hanc, persone electe quam cicius poterint representent et eiusdem electe consensu petito atque per ipsam ex tunc adhibito infra Mensem decretum electionis huiusmodi simplici latine vel theutonice locucionis stilo conscriptum nobis transmittant, in quo processum electionis ipsius nobis insinuent et eam a nobis petant, cum instancia confirmari. Intimavit insuper eisdem inclusis, canonicus predictus, quod nos in huiusmodi confirmacionis negocio et ad eius finem sicut nobis iustum visum fuerit, absque magnis earum sumptibus et difficultate quacunque favente Domino procedemus. Cum ante dictus Canonicus vniversa et singula gesta, ut prefertur, per ipsum nobis plene uiua voce retulisset, nos ea omnia rata habuimus atque grata et ratificamus nichilominus per presentes. Datum Nurnberge *in Curia nostra*

tra aput sanctum Egidium anno domini Mille-
o CCC° LXXIX *in die sanctorum Innocentium*
sentibus discretis viris Dominis Friderico de
cta Katharina. Iohanne Kuburk presbyteris,
htoldo haller seniore Ciui Nurenbergensi.

Anmerkungen. *Ordo canonicorum Regularium Au-*
ini, die nach Augustini Regul leben und für sich
ts eignes haben, sondern in Gemeinschaft der Klo-
güter leben.

In curia nostra aput sanctum Egidium. Dieser
chstetter Hof, ist an die Pfinzinge gekommen, und
das Jobst Friederich Tezlische Vorschickungs-
uß, auf st. Egydienhof, gegen dem Gymnasio über,
in erbauet. Wegen dieses Eychstätter Stifts-Hofs
Ao. 1405. feria 2da post Epiph. Dom. auf dem Land
icht zu Fürth, Conrad Holder, Burger von Nürnberg,
Herrn Bischof Friederich zu Eychstätt vorgeladen.
the Jungens Grundveste, des Kayserlichen Landge-
ts p. 152. num. 129.

Sancti Innocentes. Unschuldiger Kindleins-Tag ist der
ie December, und A. 1379. auf einen Mitwoch einge-
en.

Dieser wohlbehaltene bischöflich-Eichstädtische
nfirmations-Brief, ist höher als breit, und enthält
Zeilen, welche mit sehr schwarzer Dinte geschrieben
d. Die Worte bestehen aus vielen abbreviaturen,
o nicht selten sind die Buchstaben in einander gescho-
l, welches das Manuscript sehr unleserlich macht.
ß oblonge bischöfliche Siegel præsentirt den Bischof
pontificalibus, auf einem prächtigen Chor-Stuhl
end, wie Er die rechte Hand zum seegnen erhe-
, mit der linken aber umfässet Er das Pedum. An
n fondement des Stuhls, ist, ein nach der Läng
getheilter Schild. In dem rechten Feld, siehet man
s Wappen des Bistumbs Eichstädt, in dem linken,
en senkrecht stehenden Rechen, welches das Wappen
Schenken von Wilburgstetten ist. Rabno oder Ra-
aus, Schenk von Wilburgstetten, ist von Ao. 1365.
A. 1383. Bischof in Eychstätt gewesen. Siehe Fal-
stein Antiquitates Eystett. T. I. c. 47. Bey diesem
chöflichen Siegel, ist a tergo ein rundes Siegel auf-
gedruckt,

gebrucket, vier Striche nach der Quer, daß sie in der Mitte ein geschobenes Quadrat machen, in den Winkeln von aussen ist die Figur mit 11 kleinen Creutzen bestreuet. In dem äussern Umkreiß lieset man die Worte: ✠ S. heinr. Plebani in Ahusen. Ahausen, ein Eychstättisches Dorf an der Altmühl, eine halbe Stund von dessen Amt Berngrieß. Hönns topogr. Lexicon p. 197. Es ist allerdings etwas seltenes, daß ein Decanus ruralis, als Sigillifer Episcopi, ein Ruckssiegel gebrauchet hat.

§. II.
Das Kloster zu Pillenreuth, richtet mit dem Rath zu Nürnberg einen Vertrag auf A. 1392. d. 5 Augusti.

Die Bürger der Stadt Nürnberg, haben die Aufnahm des Klosters am meisten befördert. Doch, die Klosterfrauen, vergassen der Wohlthaten gar bald, und gaben Anlaß zu verschiedenen Irrungen. Allen Beschwernissen abzuhelfen, wurde folgender Vertrag errichtet:

Wir Diemut Pröbstin und der Convent gemainlichen des Closters zu Pillenreut, zu unser frauen schiedung genandt, st. Augustini Ordens, verjehen für uns und unsere nachkomen, offentlich mit disem brief, allen den, die ihn sehen oder hören lesen, daß wir uns einmütiglichen, mit wolbedachtem mute, mit gutem Rathe, und vorbetrachtung unsers Capitels, durch unsers Closters nutz und nottdurfft verainet und verbunden und verstrickt haben, verainen, verstricken und verbinden in krafft diz briefs, gen den Erbarn und Weisen burgern des Raths der Stat zu Nürnberg und allen iren nachkomen, alle der Artikel und stück zu halten und volfüren, fürbaß ewiglichen unzerbrochenlichen und unwider-

derruflichen an alle gefehrde, die hernach ge-
rieben stehen. Zum ersten, sollen wir vnd
e vnsere nachkumen, in des Raths der Stat
Nürmberg versprechnüß sein, vnd sollen vns
ch vnser leut, noch vnser gut, noch vnser
riester, die bey vns sein, anderswo nindert
hr verherren noch versprechen, noch keinen
dern herren noch Pfleger nicht nemen, dann
en Pfleger, den vns derselb Rath zu Nürmberg
t, auch sollen fürbaß vnser nicht mehr Chor-
auen sein, noch fürbaß werden, dann zwölf,
d ein Pröbstin, vnd soll auch· fürbaß mehr
ine zu kainer Chorfrauen genomen werden,
sey dann vor aine oder mer an der Zal abgan-
, also daß wir fürbaß ewiglichen bey der-
en Zal bleiben sollen, als wir an dem Anfang,
wir den orden an vns namen, von vnserm
edigen Herrn vnd Vätter bischof Rabno von
ystetten seligen, bestettigt worden sein. Wir
len auch fürbaß zu vns in dasselbig Closter
ht mehr nemen, dann drey Nouitzen oder
ey kinde, vnd sollen auch fürbas keines mehr
ilen, oder zur chorfrauen nemen, es sey
nn an der vorgeschrieben Zall vnter den zwölf-
eine abgegangen, vnd wan der vorgenand-
Nouitzen oder kinde eins oder mehr abgien-
n oder geweilet würden, so möchten wir all-
g an ains jedlichen stätt, ein anders nemen,
, daß der vorgenannten Novizen vnd kinde
ht mehr sein sollen denn drey. Auch mügen
r vnser Ehehalten in dem Closter vnd auf dem
f haben, als vil wir der zu vnser notdurft
dürffen vnd als das vor herkommen ist. Es
ll auch fürbaß das vorgenanndt vnser Closter
C 2 ewiglich

ewiglich nicht weitter noch grösser gemacht noch eingefangen werden, denn es jetzt mit Mauren vnd gräben begriffen ist. Wann wir auch fürbaß ein Chorfrauen, ein Nouizen oder ein Kind in vnser Closter nemen wollen, das sollen wir allweg thun, mit vnsers Pflegers rathe vnd wort, als daß vormals herkomen ist. Vnd deß zu vrkund geben wir In disen brief versigelt mit vnsern der obgenanndten Pröbstin vnd des Conuents zu Pillenreut anhangenden Insigeln. Geben an Sant Oßwaldstag, nach Christi geburt dreyzehenhundert Jare, in dem zwey vnd neunzigisten jare.

Anmerkungen. Dieser Vertrag findet sich eingedruckt in Historia Norimb. Diplomatica. p. 490. Num. 252. und in Falckensteinii Cod. Dipl. Antiq. Nord. p. 227. num. 289.

Oswaldstag ist der 5 Augusti, und dazumalen an einem Mondtag gefallen.

§. 12.
Herrn Bischof Gabriels Verordnungen, welche denen Pillenreuther Klosterfrauen A. 1517. die Bartholomæi, zu befolgen, insinuirt wurden.

Wir Gabriel von gottes gnaden bischoue zu eystet. Enpietn der wirdig'n vnd geistlichen vnsern lieb'n andechtigen vnd getreuen Bröbstin vnd Conuent vnsers closters zu Billenreut Sant Augustins ordens, das hayl in dem Herren. Vnd dysen nachgeschribn gepoten gehorsamlich zu leben. Vnd nachdem wir In kurz v'schinen tagen, ein visitacion bey euch durch vnser v'ordnet Rethe vnd anweld verpracht, habn wir auß

vntte-

tteticht derselben etlich geprechn bey euch zu
n vernumen, dy wir auß byschöfflichen ampt
a besserung bey euch zu wenden vns schuldig
kennen. Vnd dy alten gegeb'n carten für
s genumen vnd mit rate etlich' vnser gaystl
h'n räte euch dyse newe Carthen gemacht,
a gutt' hoffnung zu gott dem almächtig'n.
sol euch zu der Sele hayl vnd zeytlichem gut
nstlich sein. Vnd euch dy hymit zu schiken
pey auß vnnserm bischöfflichen gewalt gepiet
an das Ir in allen Nachgeschrieb'n stüken
ch vleyssiglich wöllet halten, als ir dann
rch ewr profession zu thun schuldig seyt, des
r vnns gentzlich zu euch versehen wöllen. Da
it nit not. werdt sein straff fürzunemen, volgt
rnach von dem dinst gottes.

Von dem dinst gottes das erst
Capitl.

So götlichs lobe on ende ist, darumb alle
eatur, besunder der mensch von got erschaffen
nd vnser seligmacher selbs in dem heiligen
angelio dy menschen ermant. das reich got
s erstlich zu suchen, auch vor augen vnd
aublich ist, So an den enden der clöster göt
her dinst vnd lobe emsigclich vnd andechtig
halten vnd volpracht wirt, das der stande
tlicher gütter vnd notturft durch gottes hilff
ster glücklicher behüet vnd gemert würt.
nd denn dy clöster besunderlich zu lob got
s gestyft, auch ir euch dartzu durch die pro
s vnd annemen des heyligen ordens verpun
n habt, wollen wir denselben götlichen dinst
gesetzten tagzeytten vnd stunden mit ernst

E 3   lichem

lichem vleyß, nach ewrs closters alten herkumen vnd löblicher gewonheyt vnd nach anzaygen ewrs breviari vnd rübricken verpringen vnd halten solt. auch so ettlich heyligen fest In vnserm bystumb gehalten werden dy villeycht in dem breviari ewrs ordens nit begriffen weren dy solt ir vnd dy priester So bey euch seyen In dem ampt der heiligen meß, nach außweysung vnserer bischöfflichen Statuten auch halten. dy Psalmen solt ir, nit mit eylen, sundern gepürlichen pausen, nach ettlicher tage vnd fest vntterschayd singen, vnd mit gantzen wortten ausprechen, wie löblich ist, vnd ir des bey vns berümpt mügt werden. Damit aber verseumpnus In dem dinst gottes verhüet müge werden, So sol dy priorin alle sampstag, an ain tafeln verzaichnen vnd schreyben laßen, was dy nachuolgenden wochen gesungen vnd gehalten werden soll. Dy gesanck soll nur eine anfahen, doch so, nach gewonheyt von zweyen das allelujah oder verß zu singen gepürt, das sol in seinem vorigen wesen pleyben. Die Pröbstin vnd in Irem abwesen dy priorin, sol daran sein, das dy schwestern mit Zucht vnd Ersamkeyt zu kor steen vnd von kainer handtarbeit oder außwendig geschefft wegen den kor versaumen. Es were dann das ichts von ampts wegen on schaden nicht möcht verzug haben oder ymant auß kranckheyt vnnd plödigkeyt nicht kumen möcht. So dy schwestern in kor geen Sullen sy züchtiglich procession weyße geen, Laut der statuten. So mann in dem Salve regina singt, o clemens! sullen dy schwestern knyen pyß zu ende der collecten. Dy wöchnerin soll den kor-
rock

ck anhaben, so Sy im kor dy collecten list. Velch Schwester in kor irrung macht oder zucht vbet, dy soll darum gestrafft werden. Dy layen Schwestern sullen Jren standt haben, als pyßher gewonheit bey euch gewesen ist.

Von der Pröbstin das ander capitel.

Nachdem die Pröbstin beede des closters enndt geistlichen vnd weltlichen versehen vnd giren sol, Vnd das nit on hilf geschikter vnd trewer amptschwester ausrichten mag, wollen wir das dy grössern amt, als Priorin, Schaffnerin, Custerin, portnerin vnd Sichmeysterin, mit verhörung der stym des gantzen Capitls vnd mit erwelung des merern teyls besetzt sullen werden, also wo sich eine der genannten amptschwestern In irem ampt unordentlich oder (das got verhüten wolle) ungetreulich hielt, vnd solchs in warheyt erfunden würde, soll ir vor dem Capitl fürgehalten vnd so sy des vberfunden würd, durch erkänntnuß des merern teyls gestrafft vnd entsetzt vnd ein ander an Jre stat gewelt werden. Sollicher massen sol es auch gehalten werden, so eine mit tod abgieng oder uß kranckheit Jrem ampt nit mer vor möcht sein. Zu der Pröbstin, Priorin vnd Schafferin sullen zwu ander vernünfftiger Schwestern zu ratgebin, von dem Capitl erwelt, mit denen die mitteln sachen des closters sullen gehandelt werden vnd außgericht. Doch wollen wir das sy kain gewalt haben sullen, des klosters ewige Zinnß, rendt oder ligende gütter oder namhaftige cleinat on vnsern oder vnser nachkomen wyllen vnd wyssenn In kein weyße zu verkauffen

oder

oder zu entfremden noch anderſt damit zu handeln, dann ſich nach ordnung geiſtlicher rechten zu thun gepürt, auch wöllen wir das mit dem Sigil vnd brieff außgeben vnd annemen, durch dy Pröbſtin, Priorin vnd Conuent lautt der päpſtlichen ſtatuten, gehalten, vnd ſchwere ſachen, durch die Pröbſtin nit on rat des Capitels gehandelt werden. Dy Pröbſtin ſoll im reſent an eynem beſundern tiſch ſytzen, vnd dy ſchweſtern zu baydt ſeytten nach irer ordnung, als vormals auch geordnet vnd pysher gehalten iſt. Zu dem tiſch oder ſunſt ſoll man nit andere Pücher leſen dan dy, ſo zugelaſſen auch zu geiſtlichen vnd tugentlichem leben dienſtlich ſeyen. Vnd damit alle geiſtliche Zucht, deſter ſtattlicher in gutem weſen bleybe, ſoll die Pröbſtin, nach beuelch der heyligen regel die vnruigen vnd leichtvertigen ſtraffen, dy clainmütigen tröſten, die krancken enthalten. Vnd wywol ir auch als die regel beuilcht, gepürt, das ſy ſich gedultigclich gegen allen ſchweſtern erzaige, vnd ſy mit tugentlichen wandel vnd beſchaydenhait als eine Muter mer durch lieb, denn mit Forcht in klöſterlicher ordnung vnd leben behalt vnd ſich weder gunſt noch vngunſt oder Zorn in der ſtraff vberwinden laſſen, auch leichtuertige red vnd wort daraus kein frucht des frieds erwachſen mag ſich zu vermeyden befleyſſen, ſoll doch ein ydliche Schweſter dy ein geduitig ſanftmütige muter haben wyll, betrachten vnd gedenken, das ſy ſich als ein gütige vnd gehorſame tochter dermaſſen halt vnd ſich gegen Got auch der pröbſtin erzaig, das dy pröbſtin nit durch ungehorſam, vnordnung, verachtung vnd nachreden der ſchweſtern zu vngedult

gedult geursachet werde, wann dy heilig schrifft
sagt, das auch der aller sanftmütigst Moyses,
durch etlicher seiner vnterthanen freuentlichen
vbermůt: betrůbt vnd vnpillich bekůmert wardt,
darumb sy dy erden lebendig verschlungen. Vnd
sy Got in ewige verdampniß geworffen hat.

Von der Priorin das dritte capitl.

Die Priorin sol besunderlichen in abwesen der
Pröbstin grossen vleys haben, das dy geistlich
Zucht, das Silencium vnd andere ordnung ge-
treulich gehalten werden. Vnd besunder die
jungen vermahnen sich zeitlich vnd emsigklich
zu dem kor vnd gotesdinst schicken vnd fürdern
vnd sich ersamlich gegen den eltern halten. Doch
süllen dy eltern in kor zu geen ir vermögen auch
nit sparen, vnd sich also tugentlichs wandels
vleyssen damit dy Jungen sy pillich erlich hal-
ten vnd sich ab irem leben pessern mügen. Vor
allen dingen sol dy priorin geflissen sein eynigkeyt
zwischen den Schwestern vnd auch zwischen dem
Conuent vnd pröbstin zu meren vnd fürdern,
allen zanck vnd vnwillen hinlegen, vnd besunder
nachred, dy ein wurtzel der vneynigkeit ist, außzu-
rewtten. Vnd dy Schwestern daran zu wey-
sen, so eine etwas vnpillichs von der andern
merckt nach ler des heiligen ewangelli, dyselben
allein gütlich straffen oder, wo solichs nit helfen
wolt, vor zwayen oder hernach offenlich vmb ir
myßhandlung, damit es bessert werde, zu ver-
anen. Vnd in sölichem vnd andern, so zu
em ampt vnd Zucht gehört, sol sy dy pröbstin
anthaben.

C 5   Von

Von der Schaffnerin das viert capitl.

Der Schaffnerin vnd andern, so den Schwestern in zeitlicher vnd leypllicher notturfften lautt der heyligen regel sullen dienen, steet zu, dasihenige so in Jrem beuelch ist, den Schwestern (gunst vnd vngunst hindan gesetzt) zu gelegener Zeit vnd nach ordnung wy sich gepürt gütigklich on Zorn zu raychen, oder wo sy nit hetten, Deßhalben guten beschayd geben, damit murmeln vnd vneynigkeyt vermyten bleib.

Von der Portnerin und Clausur das fünfft Capitl.

Wir gepieten ernstlich, das dy clausur strenglich gehalten werde, also das dusser thor gegen den hof sol außwendig mit einem fürreybenden rigel versperrt sein. Vnd zu demselben schloß sol nymant kainen schlüssel haben, den dy hofmeysterin, dy sol auffschliessen, so man mylch vnd ander ding pringt, das man in das rad nit setzen kan. Aber das ander thor sol inwendig allezeit verschlossen sein, mit zwayen schlossen, dy ungleich schlüssel haben vnd zwo schwestern, dy aus den Capitel frawen oder layen schwestern, von dem merern tayl des Capitels dortzu erwelt werden, sollen yde einen Schlüssel haben vnd treulichen bewaren. vnd kaine sol iren schlüssel der andern beuelchen, sunder selbs auffschließen, sy were dann mit kranckheyt beladen, so sol derselbig schlüssel durch das Conuent einer andern beuolchen werden, pyß zu ir gesunthayt. Vnd so man getrayd, Wein, pier, holtz, oder ander dergleichen ding in das Closter füret oder tregt das durch layen personen zu geschehen

schehen noth ist: So soll doch sollichs geschehen, wemm dy schwestern nit zu weg sein vnd dyselben layen, sullen alspald solich arbeyt verpracht ist mit einander wyder aus dem closter geen vnd kainer hinter dem andern geuerlichen pleyben, bey der Pen des banns, auch so etlich arbeyt In dem stadel zu thun ist, soll der Peichtvatter das äusser thor aufschliessen vnd darnach zwo Schwestern das Innere thor, das auch zway vnterschiedliche Schloß haben sol, dyselben Schwestern sullen sich alldo züchtigelich halten, also das nymant, ob inen geergert werde v. keine allein da oder an der porten sein vnd so dy arbeyt geschehen ist, sol yderman wyder an seine stat geen. Vnd dy schlos treulich beschlüssen vnd dy schlüssel der pröbstin wyder vberantwurten, auch sullen an der thür die aus dem kor auf den gangk get auch zway schlos mit vngleichen schlüsseln seyn. Der einen dy Priorin, den andern, dy Custerin haben mag dy sich mit auf vnd zu schliessen vnstrefflich v. auffrichtig halten sullen. So man des Closters gütter verleycht oder ehehalten dingen will, sol darumb das closter nicht geöffnet, sundern bey dem Redsenster, oder durch den hofmayster ausgericht werden. Vnd gepieten euch auch hiemit ernstlich das ir zu keiner Zeyt, oder vmb was geschefft das wer kain Mannspild sullet in die clausur einlassen. Es wär dann das dy nottdurst einer Schwester kranckheyt heraysehen, so möcht man ein arzt einlassen mit guten auffsehen von der pröbstin oder ob not würd sein, etwas in der clausur zu pawen lassen, als öfen, senster vnd anders, so geben Wir vmb der notturfft willen

willen zu, das mann sölch arbayter einlasse vnd
dy Pröbstin mit sampt der ältesten Schwester
eine, oder wo die Pröbstin füglich nit möcht
thun, zwu der eltesten Schwester bey sölcher
Arbayt sein vnd vleyssig auffsehen haben, das
ichts gehandelt werde darauß ergernis erwach-
se. Wo auch zu zeytten ymant würde komen
sein tochter oder von seiner freunntschafft in das
closter zu thun, so geben wir euch zu, das ir,
dy mütter, Schwester oder ein nahette freuntin
mügt einlassen auf zwu oder zum maysten drey
person auf ein mal weibspild das closter zu bese-
hen. nachdem ir weyt zu uns habt des erlaub-
nuß zu erlangen, doch das ir ewer gut auf-
sehen habt, wo sich dañ gepüret, das alles wel-
let gutter meynung von vns versteen. Verhoffen
wir vmb Gott belonung zu erlangen vnd bey
Euch dancksagung beuinden werden.

Anmerkung. Pabst Bonifacius VIII. hat die Clau-
sur, zu Ende des 13 Jahrhunderts eingeführet. Die
Unordnungen, welche deßwegen eingerissen, wolte das
Concilium Tridentinum abschaffen, und hat in der
Seff. 25. c. V. bey der straf des Banns befohlen, nie-
mand ohne des Bischofs oder der Pröbstin Erlaubniß
in das Kloster einzulassen; die Worte hievon sind diese:
Ingredi autem intra septa monasterii nemini liceat,
cuiuscunque conditionis, sexus vel aetatis fuerit, sine
Episcopi vel superioris Licentia in scripto obtenta, sub
excommunicationis poena. Die Erlaub-Formuln für
den Arzt, Beichtvatter, Arbeitsleute und andere, hat
Wagenseil in seiner disputation, de Monialibus, p. 44,
seqq. mitgetheilet.

Von der Stechmaysterin das sechst Capitl.

Die Pröbstin sol durch erwelung des me-
rern teyls des Capitels aus den Capitelsfrawen,
ein

n vleiſſige, aufrichtige Schweſter verordnen, zu hilf ein layen ſchweſter, vntter ir haben ſol, vnd bey den krancken gefliſſen ſein, das ir treulichen gewardt werde, nach laut der ſtatuten. Dy krancken Schweſter ſullen nach vermügen des cloſters mit notturft irer zugehörung mit ſpeys vnd ertzney verſehen werden. So es not iſt, ſol mann ein geſunte Schweſter beſtellen, dy mit den Siechen, dy heyligen tag mit ſpreche. Dy Siechmayſterin ſol darob ſyn, das im Siechhaus kain leichtuertigkayt geübet werde vnd dy geſunten aldo zu zeyten ſo es nit gepürt daſelbſt nit zuſamenlauffen v. dy ordnung verprechen oder bey nächtlicher weil vnnützer red halben aldo verharren.

Von dem Peychtvatter vnd dem Peychten, das ſybennt Capitl.

So dy peycht zu ablegung der ſündt vnd vertretung iſt auf geſetzt wellen wir ernſtlich, das anders nichts zu ſolcher Zeit vnd der ſtat werde außgericht. Der Peychtvatter ſoll von kainer Schweſter kain klag wyder dy andern annemen. Wann aus ſolchem kain nuz, ſunder dem Peychtvatter vnd auch den Peychtkindern endtlich groſſer Vnrath vnd gar nichts guts erwechſt, deß wir auß täglicher erfarung genugſam wyſſen haben. Darumb ſo eine von der andern vnpilliche Beſchwerung und leyden irs hertzen het, Sol ſy, das nit durch den Peychtvatter außrichten, ſunder der, ſo ir vnpillichkait beweyſen hat gütlich ſagen vnd begern das ſy ſich vnpilicher bekümernüß erlaſſen wölle, wo ſy davon nit abſteen wölt, ſo mag ſy alsdan der Pröbſtin

stin oder Priorin clagen, wann gar offt geschicht,
das ein mensch etwas in argen von dem andern
an sich zeucht vnd im darauß ein leyden macht,
das dem andern nye zu mut noch zu willen gewesen ist.

Von dem Rade vnd Reden daselbst
das Acht capitl.

Wenn etlich fremt person kumend vnd ir
freuntin vnd nunnen zu sehen vnd mit Inen zu
reden begeren, so es die Pröbstin bedunkt, mit
glympf nit abzuschlahen, mag es erlaubt werden, eine halbe stunt oder auf das lengst eine
gantze, vnnütze red zu vermeyden. Doch wellen wir das kainer schwester vnter den tag zeyten
vnd messen an das red fenster erlaubt werde, es
möchte denn von vnuermeydlicher not wegen, nit
vermyden bleyben. Vnd so einer oder etlichen
an das fenster zu reden erlaubt würd sollen alda
vnnütze vnd all ergerliche red vnterlassen werden.
Vnd kaine sol die haudt durch das fenster pieten.
Das fenster sol auch nit geöffnet werden, dann
so es dy Pröbstin pillich vnd erlich bedünkt. Vor
allen dingen soll an diesem ort, noch anderswo
weder dy Pröbstin noch die Schwestern gegen
außwendige Personen sy seynd geistlich oder weltlich, von der schwestern prechenlichkayten vnd des
closters haymlichen sachen reden, vnd welche in
dysem stüke verpricht, sol darumb ernstlich, gestrafft oder nach gelegenhayt der myssetat durch
erkenntnuß des Capitels auch in den kercker
werden gesetzt; kaine soll an dem fenster allein
reden, sunder in gegenwart der, dy ir zu beschaiden ist.

Anmer-

Anmerkung. Von dem Sprachgitter, wie solches beschaffen seyn sollte, und wie die Nonnen dabey sich bezeugen müssen, ist zu lesen, was Wagenseil in seiner Abhandlung de Monialibus p. 22 seqq. aufgezeichnet hat.

Von den claydern das neunt Capitel.

Als ewer Regel sagt, Solt Ir nit in klaydern wollust suchen, sunder mit guten Sytten dem herrn Christo begeren wolzugefallen, demnach ist unser beuelch das ir köstlichkeit und zeytliche eytelkayt in ewren klaydern und schlayren vermeydet und ewer klayder gleichförmig gemacht und on gunst yetlicher nach ziemlicher notturfft, lawt ewer regel werde mitgetaylet.

Anmerkung. Die Nonnen fanden auch grosses Wohlgefallen, an prächtiger Kleydung, sonderlich von seidenen Zeugen und Schleyern, an Haartouren, an silbernen Haarnadeln; sie schaften sich Gürteln, mit Seiden, Gold, oder Silber durchwürket, giengen in hohen Sandalen; prangten mit Ohrengehencken, und Armspangen; mit vielen Ringen an den Händen, welches alles das deutlichste Anzeigen gegeben, ob thäten sie dieß alles nur sich schön zu bilden und denen Mannspersonen zu gefallen. Siehe Wagenseils Abhandlung, de Monialibus, pagg. 13. 14. §. 32.

Von einnemen der Jungen und Novizenmaysterin und Simoney zu vermeyden, das zehend capitl.

In annemen der Personen, so in den oren pitten, sol alle gestalt der Symoney vermyten werden v. gar kein geding und vorschädung in einicherley weg geschehen. Wan auß sjem vbel große vermayligung und makel der aystlichkayt v. closterlewten würd zugezogen. Doch, was sölliche personen aus aygner naygung ibezwungen dem closter zu wenden vnd geben wolten,

wolten, mag angenumen werden, vnd ist von den geschriben rechten zugelaßen. Vnd aber aller weysen Meynung vnd beschluß, das gar viel daran gelegen ist, So ein jung mensch recht vnd wol aufgezogen würdt. Beuelchen wir, das dy Jungen noultzen, einer tugentlichen vnd wolgeordneten Schwester beuolchen werden, dy sol sy erstlich vnterrichten zu reynigkait Irs herzens, an der allein dy belonung der gaistlichkait steet. Darnach zu demütigkeit, dy der andern tugenden behüetterin ist, vnd zu andern guten sytten vnd tugenden, vnd besunder soll sy große acht haben auf dy Jungen das sy nit gewonen, nachreden vnd sagen von den dy nit entgegen sein. Wann aus dem bösen laster, aller vnfrid, vnd vnrüe in den klöstern erwechst. Die Maysterin sol auch dy Jungen dy regel vnd ander ordnung leren, wy sy sich zu kor, mit singen vnd leßen halten sollen.

Von aygenschaft zu vermeyden das aylft Capitl.

Damit ir von dem reichen Got der armut, so ir gelobt habt das ewig reych erlangen mügt, wollen wir, das kain schwester kaynerley gab von yemantz einnemen sol sunder dy Schaffnerin, oder ein ander wolgeachte Schwester dy dazu erwelt wird sol dy gab oder Schankung einnemen, vnd der Pröbstin antwurtten vnd anfgeschriben werden. Dy sol fürter verordnen, das sollch gab, nit nach gunst, noch aygenwillen, sunder nach notturfft vngeuerlich den schwestern, so das speys oder tranck ist, werde mitgetaylt. Dy Pröbstin oder Priorin sullen ten auch zu Zeyten der Schwestern Zelln vnd pettgewand besuchen, vnd nichts verspertz darinn lassen, wann auch dy Zellen vnuerspert sollen sein, vnd so sy etwas von aygenschafft bey ymant fünde dasselbig nemen vnd nach maß des vnrecht were dy schuldigen straffen, damyt dy aygenschafft von euch gentzlichen werde außgerewtt.

Von dem schweygen vnd reden vnd cellen das zwölfft capitl.

Nachdem das geordnet swengen oder silencium, ein enthaltung der geystlikeyt, vnd nach der weysen sag, dem weyblichen geschlecht vnd besunder den Junkfrawen ein schöne zyrung ist, wöllen wir das zu gesatzten zeyten vnd steten das schweygen strenglich gehalten werde, darob sol dy Priorin ernstlich aufmerken vnd grossen vleyß thun vnd haimlich zusamenkunfft (daraus murmeln, pöß zusamen verpinden, vnd streflich gespilschafft kumpt) In kainen weg gestatten vnd dye schuldigen darumb nit vngestrafft vnd vnvermant lassen, darumb wöllen wir auch das kaine in der andern Zellen gee, noch darinnen mit einander rede, wann das größlich ist wider geystlichs leben. Dy Schwestern sullen auch mit vleyß meyden zu den fenstern ausreden vnd sehen, vnd so euch mit einander zu reden erlaubt würd, solt ir dennoch vnnütze vnd vergeben rede vnterlassen. Wann sich auß viel reden sündt vnd vrsach vnfrieds v. vnruhe begibt, darumb ist war das der weyß gesagt hat, welcher mensch seinen Mund vnd zungen bewart, der behüet sein Sel vor angst vnd kümmernüß.

Von dem Capitl vnnd Capitl stymme
das dreyzehend Capitl.

Wann man das Capitl helt, sollen dy layen schwestern am ersten ir schuld sagen vnd so sy alle gesagt haben, sollen Sy mit einander ausgeen, darnach sol es gleichermaß gehalten werden mit den geweylten dy nit Capitl frawen sein vnd nachmals auch also mit den Capitl frawen, darumb das ain ytliche auß einer andern pueß vnd straff gewarnet vnd gepessert werde. Vnd wann der grund aller geystlikeit auff warer Demütigkeyt v. gehorsam stet, darum soll sich kein Schwester Im Capitl oder ausserhalb wider irer obrykeyt geschefft sezen, oder freuentlich wyderspreche̅, noch sich mit vnzüchtigen worten verschulden, Sunder sich in aller Zucht gehorsamlich beweysen, auch mer sich gewenen zu beschuldigen, dann zu entschuldigen. Vnd gedenken des heyligen zwölffpoten wort der gesprochen hat, So wir vns selbs vrteyln, werden wir nit verurteylt von Got dem herrn deßhalben sullen dy Schwestern straff vnd disciplin gedultiglich tragen, damit sy vor dem strengen vrteyle gotes mit pesser hoffnung erscheinen mügen, doch sullen dy Pröbstin vnd priorin straffen nach gelegenheyt der verwürken one gunst vnd vngunst nit aus Zorn oder rachsal Sunder allein darumb das dy vbel gestrafft vnd dy geystlikeyt werde hantgehabet. Vnd wy wol dy obrykeyt betrachten sol, menschliche plödigkeyt vnd darumb dy siechen schäfflein mer geneyget seyn zu haylen dann für dy wolff zu werffen ye-
doch)

doch so ein Schwester in den sitten sträfflich vnd kranck nit allein ir selbs sunder auch andern ergernuß gäbe dy selb sol mit herter straff von irem aygen pösen willen gezogen werden. Dy Pröbstin sol auch dy priorin in straffung der geprechen handthaben, vnd kainer wyder sy zu legen, deßhalben wöllen wir, so einer schwester pueß würd aufgesetzt, das dy andern nit alspald für sy piten sullen, sunder Sy die pueß tragen lassen, Ir selbs vnd andern zu pesserung, so lang pyß dy pröbstin oder Priorin solche Pueß abzuschaffen zeyt bedünkt. So ir aber anderer sachen halb im capitel versamelt seit, sol ytlicher stymm gütlich verhört werden vnd was der merer teyl beschleust dabey sol es pleyben, nach außweysung der rechte. Doch sol kaine der andern fürnehmen mit Zanck vnd frevel bestetten, noch zwo, oder mer durch einander reden, sundern alles gehandelt werden, mit erberkayt. Darzu ordnen vnd schaffen wir das dy Schwestern söllen stym zu dem capitl haben dy als in ewrem orden gewonheyt vnd bey ewch herkumen ist, profeß vnd drey Jar vnter dem schwartzen weyl gewesen sein. So wollen wir das keine der andern verweyß noch aufhebe, was in den visitacion gehandelt ist oder würd bey hoher straff. In andern sachen, dy geystlichen standt vnd ewers gotzhauß Ere vnd nutz berüren weysen wir ewch zu ewer regel, statuten vnd löblichen gewonheytten ewers ordens vnd wöllen, das dyse vnnser carthen alle quotember durch dy Priorin oder ain ander Conuent schwester in gemeyner versamlung verlesen werde vnd vleyssigklichen gehalten, mit vor-

behal-

behaltung vns vnd vnsern nachkommen, In
solchem zu meren vnd zu myndern wy dy notturfft
heraischen würd, des zu vrkundt haben wir vn-
ser Secret hieran gehangen. beschehen auf vn-
serm Schloß Sant Wilbaltzperg anno Domini
als man zalt nach Christi vnsers lieben herren
gepurt, fünfftzehen hundert vnd Im Sieben-
tzehenden Jar. Montag Sant Bartholo-
meus tag des heyligen zwelfpoten.

Gabriel Episcopus Eysteten. Apt.

Anmerkung. Geweylt, die unter der schwar-
zen Weyl gewesen sind. Darunter werden mit einem
Wort verstanden diejenigen Closterfrauen, welche das
25te Jahr zuruck geleget und geweyhet sind, und den
Schleyer tragen. Nicht nur die Jungfrauen, sondern
auch die Witwen durften den Schleyer tragen, und be-
kamen den ersten, wann sie Profeß gethan, und der
war schwarz; vide Boehmeri Institut. Iuris Can. Eccl.
et Pontif. Lib. III. Tit. 34. §. 20. not. *a.* p. 486. Den
andern aber von dem Bischof, der sie geweyhet, die Or-
dens-Kleyder, den Ring, und Jungfrau-Cron behän-
diget hatte. Hospinianus de origine Monachatus Libr.
III. c. XIII. de consecratione seu velaminis impositione
Sanctimonialium, lässet sich p. 194. davon also verneh-
men: ut statim post vicesimum quintum ætatis annum
posset virgo quodlibet votum monasticum suscipere, et
a prælato consecrari. Diese Bedeckung des Haupts soll
ein Zeichen der Schamhaftigkeit, als einer vorzüglichen
Zierde des weiblichen Geschlechts gewesen seyn. Gen. 24, 65.
Dieses velum ist bey der Nonnen ihrer Einkleydung
ebenfals in Gebrauch gekommen, weil sie ihre Keuschheit
GOtt geloben und Christi Bräute werden.

Dieses bischöfliche reglement, ist in groß Quart,
forma libellari, auf Pergament geschrieben und mit ei-
ner roth und weiß seidenen Schnur zusammen geheftet.
An dieser hänget eine hölzerne Capsel mit gelbem Wachs
bedecket, in der Mitte mit rothem Wachs eingeleget.
Das aufgedrückte Siegel præsentirte das Portrait des
Bischofs

Bischofs stehend, mit den Pontificalibus angekleydet. Die rechte Hand erhebte sich zum Seegnen, die linke hat den Bischofstab gehalten. Vor sich hatte er einen quadrirten Schild stehen. In dem ersten und vierten quartier erschien das Wappen des Bistums Eychstädt; in dem zweyten und dritten aber war das Enbische Wappen mit den 3 Muscheln zu sehen. In der Umschrifft lieset man: Secretum Gabrielis episcopi eysteten. Dieser Gabriel von Eyb ist Iuris Vtr. D. gewesen, starb 1535 den 30 Novembris. Sein Leben ist in Herrn von Falkenstein Antiquitatibus Eystettens. T. II. c. LIII. p. 214. nachzulesen.

§. 13.
Von der Person und Pflichten einer Pröbstin.

Die Pröbstin muste in einem Kloster Canonissarum Reg. Augustini, die fürnehmste Person fürstellen. Als eine geistliche Mutter hat sie auf den Lebenswandel der übrigen Klosterfrauen Obsicht zu tragen, und sie selbst muste einen tugendlichen Wandel führen, damit die ihr anvertrauten Nonnen, ihr desto williger den schuldigen respect und Gehorsam erwiesen. Weil auf eine vernünftige Pröbstin vieles angekommen und von ihr die Wohlfart des Klosters guten Theils abhieng, so machten die Gesetze, die heylsamen Verordnungen, daß man bey der Wahl, auf eine tugendhafte und schon betagte Person sehen solte. Die, so Pröbstin werden wolte, muste schon 40 Jahr alt seyn, und wenigstens acht Jahr zuruckgeleget haben, daß sie in dem Kloster profess gethan hatte. Concil. Trident. Sessione vigesima quarta c. VII. Abbatissa et Priorissa, et quocunque alio nomine præfecta, vel præposita appelletur,

eli-

eligatur non minor annis quadraginta et quæ
octo annis, post expressam professionem lau-
dabiliter vixerit.

Die neu erwählte Pröbstin zu Pillenreuth
muste allezeit, von dem Bischof zu Eychstädt
confirmirt werden. Die Confirmation durfte
sie, durch einen der Kloster-Priester suchen las-
sen, welcher sich vor Ausgang eines Monats
zu Eychstädt einfinden muste. Der Bischof
schickte entweder einen Commissarium oder ac-
creditirte einen der Kloster-Capellane, die Con-
firmation zu vollziehen. Dem Commissario mu-
ste die neu gewählte Pröbstin, Zeugen und
Zeugnisse vorführen und aufweisen, von ihrer
unbescholtenen Geburt, und dann wurde sie in
der Kloster-Kyrchen bestättiget und eingesegnet.
Nach erhaltener Confirmation nahm die Pröb-
stin von ihrem Amt possess; nächst der Prio-
rin und Schafnerin wurden ihr noch zwo ver-
ständige Frauen, als geheimde Räthinnen zu-
gegeben, mit welchen sie alle wichtige Sachen
des Klosters, in Ueberlegung nehmen muste,
was aber nicht von diesen kunte beygeleget und
entschieden werden, hatte sie mit dem ganzen
Convent gemein zu machen. Sie hatte ihr ei-
genes Siegel, und zu dem Sigill des Convents
den ersten Schlüssel. Alle Thor-Schlüssel,
musten ihr bey anbrechendem Abend behändiget
werden. War irgendwo etwas zu bauen, so
solte sie durch ihre Gegenwart allen Unordnun-
gen vorbeugen. Denen Fremden, welche mit ih-
ren Kindern, Freundinnen und Anverwandten an
dem Sprachgitter sprechen wolten; dem Arzt;
dem Chirurgo, so in dem Kloster nothwendige

Ver-

Verrichtungen hatten, muſte ſie die Freyheits-
Billet ertheilen. Die dem Kloſter zugefertigte
Geſchenke, wurden ihr von der Schafnerin
überantwortet, daß ſie darüber diſpoſition aus-
geſtellet. Des Jahrs etlichemalen muſte ſie
der Nonnen ihre Zellen und Bettgewandt viſiti-
ren, und den Abgang zeitlich beſorgen. In dem
Speiß-Saal iſt ſie an einem beſondern Tiſch,
allein geſeſſen, und auf die jungen Nonnen hatte
ſie ſonderlich gute Achtung zu geben, daß ſie kei-
ne Brief, an Perſonen auſſer dem Kloſter ge-
ſchrieben, daß ſie von Mannsperſonen, keine
Viſiten angenommen, nicht bey Abendzeit hin
und her gelaufen, ſondern gleich nach dem
completorio ſich in das Schlaf-Zimmer verfü-
gen möchten.

§. 14.
Wie die Wahl einer Pröpſtin veran-
ſtaltet und vollendet wurde.

Fügte ſichs, daß eine Pröpſtin zu Pillenreuth,
mit Tod abgegangen, ſo hatte der älteſte Klo-
ſter-Prieſter, den Todesfall zu Eichſtädt bey
dem ordinario und in Nürnberg bey dem Rath
anzuzeigen. Er muſte an beyden Orten bittlich
anhalten, einen Tag zu beſtimmen, auf wel-
chen mann, die Wahl einer neuen Pröpſtin
veranſtalten wolte. Hatten ſich beyde concur-
rirende Theile, wegen des Wahl-Tags ver-
glichen, ſo fanden ſich ihre delegati, auf be-
ſtimmte Zeit, in dem Kloſter ein, und wurde in
ihrer Gegenwart, von denen Convent-Schwe-
tern zur Wahl einer neuen Pröpſtin geſchritten.

Ao. 1476. im Sept. wurden Hr. Carl Holz-
huber, Hr. Gabriel Nützel und Hr. Peter Hark-
dörfer,

dörfer, aus des Raths Mitteln verordnet, sich nach Pillenreuth zu verfügen, bey der Wahl einer neuen Pröpstin zu seyn, und die Priores der Augustiner und Prediger Münche zu sich zu nehmen.

Ao. 1510. Montag nach st. Egydientag, sind zur Wahl einer Pröbstin nach Pillenreuth abgefahren, Hr. Jacob Groland, Hr. Martin Geuder, Hr. Georg Fürer, und diese haben den Abt bey st. Egydien eingeladen.

Ao. 1548. als Frau Magdalena Kreßin, bißherige Pröpstin des Klosters Pillenreuth verstorben, so muste Hr. Hieronymus Schürstab und Georg Franckmann Syndicus und Notarius, unter einer Bedeckung von Reutern, dahin sich verfügen, und das Kloster in Verwahrung nehmen, biß, das Convent, die Dorothea Sachßin, zu einer Pröbstin erwählet hatte.

Wie der ganze Wahl-actus gehalten wurde, können wir am besten aus der Beschreibung erlernen, welche Herr Hannß Tucher, Pfleger des Closters Pillenreuth, a. 1483. Donnerstag den 22 May fertigen ließ, als Frau Juliana Zutschin, zur Würde einer Pröpstin des Pillenreuther Klosters gediehen.

Zu erst ist Ain löblich Amt von dem Hailigen gaist, umb mittailung seiner göttlichen genaden, gesungen und gehalten, und darauff das heilig hochwirdig sacrament von yeder person die hat sollen welen, andächtiglich empfangen worden. Darnach sind die frawen, alle vom capittel, die da stymm zu welen gehabt haben, außgenom̃en ayne, die in der siech stuben gelegen ist, und kranckheit halben in die versamlung der anndern frawen nit hat komen mügen, In ainer stuben der

alt

alt rebenter genannt bey einander erſchynen.
Denn hat der würdig vatter friederich ſtromer
Prior des Kloſters Prediger-ordens in Nürn-
berg auf bet vnd beuelch herrn hannſen Piſtoris
Profeſſen des Kloſters zu Langenzenn canoni-
corum regularium ſancti Auguſtini, dißmals
der bemelten frawen peichtvatters, In ſeinem
auch des wirdigen Vatters Symon Lindners
profeſſen des kloſters Sant Auguſtins in Nürn-
berg, vnd auch der fürſichtigen, erbern vnd
weyſen hern Rupprechten Hallers, hern Nic-
lauſen des Groſſen, des Eltern, hern hannßen
Tuchers, auch des Eltern, zu derſelben zeyt
pflegers des bemelten kloſters, aller des klay-
nern Ratts der obgenannten ſtatt nürmberg,
Niclauſen Groſſen des Jüngern, Wilhelm
Hallers vnd hannſen Tuchers auch des Jün-
gern, burgere daſelbſt, ain kurze Red vnd ver-
mahnung gethan. Nachdem auff abſterben,
Walburgen Volckhaymerin die Probſtey offen
worden wer, gepürt ſich auß Notdurfft ain
ander pröbſtin vnnder vnd auß Ine zu erwelen.
Vnd ſo ſie nun darumb alſo verſamelt weren,
vnd wie wol dann den frawen die von dem ge-
mainen cappitel zu eynnemung der Wale vnd
ſtym eyner jeglichen verordnet werden. Vnn-
der anndern ſchweren würden, das ſie die haym-
lichkeyt der wal vnd beſtymung nymandt eröſ-
nen wollen, biß die in dem gemainen cappitel ge-
offenbaret werden. So gedeuchte Ine doch
umb merers frids v. aynigkeit willen, beſſer
löblicher vnd nuzer ſeyn. Das die einnemerin
der Wale vnd beſtymung dieſelben nit alleyn
biß zu irer eröfnung, als vorſteet, ſunder hin-
füro

füro Ir lebtag verſwiegen behielten, vnd nit eröffneten. Welch perſonen der andern Ir ſtymm in der Wal gegeben hette, dardurch möcht die gutwilligkeyt vnnder den Schweſtern bleiben, vnd vil gramſchafft die auß ſollicher eröffnung vnzweiffenlich erſteen wird vnderkumen werden etc.

Nachuolgend ſind die vorbenannten mannsperſonen all auß der gemelten ſtuben getretten. Die obgedachten drey Gayſtlich vatter mit ſampt einem notari in die alte kirchen, das capitlhauß genant, gegangen, die bemelten frawen ein kurze weyl bey einander in verſamlung bliben, vnd darnach alle verſamentlich In das benannt Cappittel hauß zu denſelben vättern v. notari kumen, mit eröffnung, wie ſie auß ihne drey Sweſtern erwelt, vnd Inen gewalt gegeben hetten, ſolche ſtym der wal von eyner yglichen welenden Sweſter einzunemen, als ſich nach ordnung vnd ſatzung gepüret.

Darnach haben die frawen des cappittels alle, nemlich Ir yede inſunderheyt. Zu erſt die erwelten eynnemerin der wal vnd nachuolgend die andern vor dem obgemelten herrn Hannßen Piſtoris knyende auch zuletzt die in der ſiechſtuben ſitzende. Vnd die heilligen ewangelia anrürende geſworn, als hernach volget, Ich ſweſter N. profeſſorin Swer vnd gelob dem allmechtigen Gott, der hochgelobten heilligen Jungfrawen Maria vnd dem heilligen Vater Sancto Auguſtino, die zu welen, die ich der kirchen in geiſtlichen vnd werntlichen dingen, nutzer ſein werden, glawbe, vnd der dy ſtym nit zu geben, die, als ich mich verſehe mit gelübd oder gab ei-
niges

niges zeitlichs dings oder mit bete durch sich selbs oder eine mittls person oder sunst in ainicherley ander weys, für sich selbs, die wal gesucht het, also helff mir Got vnd die schreyber der vier ewangelien.

Nachuolgend sind die frawen in cappitel ausgetretten vnd allein die drey eynnemerin der wal da innen belieben, der Jede hat insunderheit geschworen, als hernach uolgt. Nachdem ich Swester N. professorin zu der einer die die wal vnd stym einemen sollen angesehen bin, also Swer vnd gelobe ich, das ich mit samt den andern zu mir geordneten, die wal vnd stym der die do weln vnnd nennen werden nach vermügen vnd verstentnüs getrewlich erforschen vnd in schrifften vor einem notari vnd gezeugen, thun angeben, vnd die heymlichkeyt der wal vnd bestymung nymand eröffen will, biß die in dem gemeynen Cappitel geoffenbaret wirt, das ich auch weder mit worten, werken oder zeichen, nymant anlayten will einiche ander zu nemen oder zu erwelen, dann die dieße auß aygen gewissen nennen will, nach lawt vnd Innhalt des aydes durch sie deßhalb getan, ich will auch kayn ander wal, in dem gemainen cappitel tun dann von der die von dem gantzen capitel oder den merern vnd bessern teyl des Cappittels, in der wal benennt würt geuerd vnd arglist außgeflossen. , also helff mir Got vnd die schreyber der ewangelien.

Auf das haben Jr zwu der einemerin sollicher wal die dritten, Erstlich v. darnach dieselben drey, die andern des Capitels auch die in der siechstuben nemlich yede sunderlich in Abwesen der anndern besworn, wie hernach uolgt, vnd

vnd darauf Ir wal vnd stym eingenommen. Wir beschweren euch bey dem Vater vnd dem Sun vnd bey dem heiligen Geyst vnnd bey der verlichkeit ewr Seel, das Ir nach Gotes willen vnd ewrem gewissen vnd auf den ayd so Ir getan habt ewer stym der gebet, oder die nennet, die ir gelawbet oder achtet, der kirchen vnd dem Closter nutzer vnd mer tüglicher seyn. Vnd als nun die wal vnd stym ir aller vnd jeglicher von den vorgemelten eynemerin empfangen vnd aufgeschriben worden sind, also haben sie solliche wal vnd Stym den Swestern an der vorbenannten Stat cappittelsweyß versamlet thun öffnen.

Darnach sind die obgenannten herrn des rats v. burgere zu Nürnberg auch an das vorgenafit ennde eruordert worden. In derselben beywesen, auch in gegenwärttigkeit der obgemelten würdigen vätter vnd eynes offen notarij hat der vilgenannt herr hanns Pistoris, auß beuelch der oftgedachten eynemmerin der wal vnd des merern teils desselben capitels In schrifften eröffnet zu erst in lateyn, vnnd alßbald darauf zu teutsch in der weys: In dem Namen des Vaters vnd des Suns vnd des heilligen geysts amen. Nachdem diß Closter pillenrewt durch absterben der geistlichen Frauen, Frauen Walpurgen Volckheymerin, einer Pröbstin mangelt ꝛc. also auff beruffung der Jenen die dazu ze beruffen gewest sind, auch in beywesen der Jhenen die gewollt haben vnd dabey haben sollen seyn, hat menniglichen gefallen, durch die form der wal, dem ledigen closter fürsehung zu thun. Demnach sind von diesem capitel

glaub-

glaubwürdig eynemerin der wal erwelet, vnd alle wal vnd bestymung nach form vnd weyß der gemaynen concili erforschet vnd dieselbe wal nach vleyßiger anschawung eröffnet worden. Also ist erfunden das der merer tail der geweyelten vnd capittel Schwester die dann in sollicher wal stym haben, gewilliget hat in frawen Juliana Zutschin, ein weyb fürsichtig und beschaiden löblicher Sytten v. lebens, In tappfern alter, von guten lewten vnd in eelichen wesen geporen, vnd auch in geystlichen vnd zeytlichen dingen clug v. weyß vnd sunst tüglich vnd geschikt, darumb ich bruder Johann von diesem Capitel sunderlich darzu verordnet, von willen, vergünstigung vnd gebot der vorgenannten eynnemerin der wal vnd des Innern teils des capittels mit anruffung der Gnad des heiligen Geysts zu Eren dem allmächtigeñ Got, der hochwürdigsten Junckfrawen Marie vnnd vnsern Vatter sañt Augustin vnnd dem ganzen himlischen heer. So erwele ich die würdigen frawen Juliana Zutschin in der wal also, wie vorsteet, bestymet, vnd ich verkünde sie also erwelet, In den Namen Gotes durch die schrift zu einer Pröbstin diß Closters Pillenrewt, in dem namen des Vaters vnd des Suns vnd des heiligen geysts Amen.

Auf das haben die frawen des Capitels die benannten frawen Juliana Zutschin, durch den vorgenannten herrn Johannsen Pistoris ersuchet vnd gebetten in solliche erwelung an ihr geschehen zu verwilligen.

Also wiewol dieselb fraw Jullana solliche wal anzunemen sich mit vil ersamen worten auf
mey-

meynung dazu nit tüglich zu fein, gewidert hat, Jedoch auff verrer vleyßig ersuchen vnd bitte an sie beschehen, hat sie sich dareyn begeben vnnd den vilbenannten herrn hanßen Pistoris vnd den Swestern des Cappitels vnnder andernn auff die Meynung geantwurtet. Ich ways mich des stannds der Obrikait vnwürdig vnd den zu verwesen vntüglich, aber ich bin ain dienerinn des herrn, mir gescheh nach ewren wortten.

Darauff haben die frawen des Capittels die offtgemelten frawen Julianam in den Chor gefürt, für den Altar gelegt, Te deum laudamus gesungen vnnd sie also eyngesetzet.

Als vnser gnediger Herr von Eystet vmb bestettigung vnd confirmation der wal, als fraw Juliana Zutschin erwelt worden was, ersucht ward, hat er ain ladung vnd proclama laßen ausgeen, das ist zu Pillenrewt verkundet worden auff Sonntag sant margaretentag vnd der tag bestimbt gen pillenrewt in die kirchen auf Mittwoch darnach zu der zwelften hore, alsdann vor seinem Comissary, so er darzu schicken werd zu erscheinen vnd die confirmation vnd bestettigung zu vollbringen.

Darnach auff den yetzgenannten mittwochen zu der zwelfften hore in der eusern Kirchen zu Pillenrewt, ist komen vnd erschynen der Tabellion von eystet vnd hat ain bevelche vnd Comission auf herrnn Johann Pistoris Cappellan zu Pillenrewth von onserm herrn von Eystett bracht, das derselb comissart die confirmacion, vnd bestettigung außricht vnd vollfüre, darauff ist des conuents anwalt vnd Sindicus vor dem Commissari vnd Tabellion erschynen, hat die wale

…le, ladung vnd artikel oder libell fürbracht ꝛc.
… die wale zu bestetten begert, auch zwen
…agen der eelichen Gepurt halben der genann-
…frawen Juliana gestelt, mit namen die Er-
…nen Jacob Gartner vnd Hannßen Marstal-
… vnd rechtlich fürbrächt vnd nach verhörung
…er sage vnd anderer rechtlichen handlung die
…in darin pflegt ze halten, ist erkannt worden
…s die wale solt bestett werden, doch das die
…rw Juliana das Jurament vnd Ayd tun sollt,
…o ist die fraw Juliana mit sampt dem gan-
…n Conuent vnd anndern Swestern herab in
…e kirchen gangen vnd hat vor dem hohen Al-
…r knyend auf das hailig ewangeli das Jura-
…ent vnd eyde getan v. geschworn also lawten-
… Ich swester Juliana Ein erwelte Pröbstin
…es closters vnnser lieben frawen marie zu
…illnrewt Sannt Augustins ordens geistlicher
…orfrawen swer das ich hinfür getrew vnd ge-
…orsam will sein dem hochwürdigen in Christo
…Vater vnd herrn herrn Wilhelmen bischof zu
…ystett meinem gnedigen herrn vnd allen seinen
…nachkomen rechtiglich erwelt, seyn gepott, heis-
…ung vnd ordinirung wirdiglich aufnemen vnd
…n dem allen gehorsam sein, geistliche obseruanz
…dieses ordens sannt Augustin, nach gebung der
…heilligen veter als die regeln statut vnd karten
…vestiglich vnd warlich halten, vnd darob sein,
…das die von allen swestern gehalten werden, lie-
…gende gütter, lehent, oder ander gütter, die
…do gehören zu diesem closter on rat meines
…vorgenannten hochwürdigen herrn nicht em-
…pfrembden oder verkaufen will, also helf mir
…Got vnd diese heilige gotes ewangelia.

Dar-

Darauf hat der commissari die frawen vnd wale bestettiget vnd sie mit aynem Daumenring Investirt, vnd posseß damit gegeben, also hat sie der Conuent mit procession vnd gesang wider hinauf an kore gefürt nach irer gewonhait, vnd vor dem Altar ist die benant fraw Juliana auff einen Sessel gesessen vnd sind alle Closterfrawen vnd layenschwester eine nach der andern alda für sie kumen vnd knyend Jrkorsam gelobt, darnach ist die benannte fraw Pröbstin in die Capelle der Clausen auch auf ein sessel gesessen, alda haben ir die Püfferin vnnd die andern swestern auch korsam gelobet nach irer form vnd gewonhait, alles in beywesen des comissariers v. pflegers herrn hannßen Tuchers des elltern etc.

Anmerkung. Tabellion heist hier so viel, als ein Notarius Publicus oder bischöflicher Canzley-Rath, der von der Regierung abgeschicket wurde.

Wilhelm, von Reichenau starb 1496. ist a. 1468 zum Bistum gelanget.

Daumen ring. Die Bischöfe und andere fürnehme geistliche Personen wurden per annulum et baculum inuestiret. Die Aebtißinen ꝛc. per annulum et librum. Hier auch die Pröbstin mit einem Daumenring, zum Zeichen, daß Sie sponsa ecclesiae war, solchen Ring musten Sie an dem rechten Daumenfinger tragen, dem Daumen wird vor andern Fingern ein vorzüglicher Ansehen beygeleget, und derselbe als ein Sinnbild der Treu und Redlichkeit gehalten. Vermutlich ist auf diesem Daumenring, der Pröpstin ihr Secret Siegel, eingegraben gewesen.

§. 15.

§. 15.
Verzeichniß der Pröpſtinnen des Kloſters Pillenreuth.

1. Diemut Ammonin, ſoll eine Bauern-Tochter, aus dem benachbarten Herpersdorf geweſen ſeyn. Iſt im Amt geſtanden von 1378 biß 1406. lieget unter einem groſſen Stein bey dem Hoch-Altar begraben.

2. Barbara von Haßlach, eine adeliche; ſuccedirte nach Bruſchii Angeben 1406. in vigilia ſti. Egydii. Dieſe hatte die Kloſter-Kyrche, das Refectorium und das Schlaf-Zimmer neu erbauet. Herr Hiltpolt Kreß (Herr Müller in ſeinen Annalibus nennet ihn Groß) hat darzu 600 Gulden rheiniſch verehret. Zur Zeit ihrer Praepoſitur, ließ ſich a. 1409 Frau Beatrix von Haideck, Herrn Friederichs von Haideck Gemahlin, mit Verwilligung ihres Bruders Herrn Johannis, Biſchofs zu Eychſtädt, in die Kloſter-Kyrche begraben. Dieſe Pröpſtin iſt a. 1426. mit Tod abgegangen.

3. Chriſtina Nordweinin, eine adeliche aus Nürnberg. Wurde A. 1426. am nächſten Tag nach Chriſti Himmelfarth, zu einer Pröpſtin erwählet. Wegen der kriegeriſchen Läuften hat ſie ſich auf eine Zeit lang nach Nürnberg retiriret, dann 1439. ſich abgefordert, und im Kloſter biß an ihren Tod, der a. 1448. erfolget, als eine Convent-Schweſter verblieben.

4. Dorothea Hetzelsdörferin, eine Adeliche. Bruſchius hat ſie in ſeiner Verzeichnüß angeſetzet, aber in den Kloſter-Urkunden iſt nicht das mindeſte zu finden. Ihr Tod wird von Bruſchio auf den 1 Ian. 1443. angegeben.

E 5. Bar-

5. Barbara Kreßin, eine adeliche aus Nürnberg, wurde a. 1443 den 8ten Ianuarii, die Erhardi zur Pröpstin erwählet. Sie ist mit ihrem ganzen Convent, in dem alten Marggräflichen Krieg, nach Nürnberg geflüchtet. Die Biedermännischen Tabellen CCLXXII. sagen, sie hätte 1461 resignirt, sey 1473 den 5 Februarii gestorben und liege in der Kloster-Kyrchen begraben. Diese Kreßin war ein verständiges Frauenzimmer, und zu Rom in gutem Ansehen. Ihre Aeltern haben mit ihrem Dote, viel nüzlichen Haußrath, mit in das Kloster gegeben, die Freunde aber dem Conuent viel Wolthaten zugewendet.

6. Anna Ebin, erwählt a. 1461. soll von Bayreuth gewesen seyn. Ein altes Gerichts-Buch, welches zu ihren Zeiten angefangen wurde, heisset sie, Anna Eybinn. Sie war in dem Schreiben wohl erfahren. Alters wegen, hat sie sich vom Amte gefordert a. 1476, und ist a. 1485. gestorben.

7. Walburg Volkamerin, eine Adeliche aus Nürnberg. Herrn Stefan Volkamers und der Walburg Kreßin Tochter. Sie wurde Pröpstin a. 1476 und legte den schönen und weitläuftigen Kloster-Garten an, starb a. 1483 und liegt in der Kloster-Kyrchen beerdiget.

8. Juliana Zutschin, erwehlt zur Pröbstin a. 1483. ♃ den 22 May und ☿ den 16 Iulii confirmirt. Siehe §. 14. p. 56. seqq. Ist vermutlich aus Nürnberg gewesen, weil sie von dorther Zeugen der ehelichen Geburt aufgefordert und gestellet hatte. In denen bayrischen Troublen, ist sie

sie nach Nürnberg gewichen. Resignirt 1493. stirbt 1500. in die Conuersionis Pauli.

9. Anna Schlüßelfelderin. Herrn Sebald Schlüßelfelders und der Anna Schnödin, Tochter, wird zu einer Pröpstin gewählet, a. 1493. baute den Creutz-Gang und andere Hof-Gebäude. Starb 1510. die Cyriaci. Sie muste, mit 20 Schwestern, a. 1505 wegen der besorglichen Läuften nach Nürnberg ziehen.

10. Helena Schlüßelfelderin, der vorigen leibliche Schwester, succedirte derselben in der Praepositur, a. 1510, verschied a. 1515 die Vrbani den 25 May.

11. Veronica Schaertin, von Sulzbach. In der Bauren-Aufruhr, verfügte sie sich nach Nürnberg und verweylete daselbst zwey Monath lang. Forderte sich a. 1533 ab, und sammlete sich zu ihren vorgegangenen Amtsschwestern a. 1535. ☽ nach der 3 Könige Tag.

12. Magdalena Kreßin, Herrn Anton Kreßens und Catharina Löffelholzin Tochter, gebohren 1479. kam ins Kloster Pillenreuth a. 1500, wurde Pröpstin 1533. verschied a. 1548. hat in den schmalkaldischen Kriegs-Unruhen von denen Kayserlichen Trouppen, viel Ungemach ausstehen müssen.

13. Dorothea Saxin, von Nürnberg, aus dem Geschlecht derjenigen Saxen, welche eine umgekehrte Lilie in dem Wappen führen. Als a. 1552 Marggraf Albrecht das Kloster abgebrennt, ist sie mit ihrem Conuent, bey denen Clarissinerinnen zu Nürnberg eingezogen

Nach dieser wird keiner Pröpstin mehr erwehnet; sondern diejenigen Frauen, welche an

das Regiment gekommen, nennete man Schaf́-
nerinnen. Diesen Namen führten: Frau Mag-
dalena Schürstabin, Magdalena Füttererin,
Frau Agatha Steurerin, welche Bischof Mar-
tin zu Eichstädt confirmirte 1573. den 27. Iunii.
Diese ist a. 1581. m. Febr. noch am Leben gewe-
sen. Siehe §. 41. Frau Margaretha Burck-
hardin, die lezte Schafnerin des Conuents, war
schon im vorbesagten 1581sten Jahr den 1 Maii
am Amt, wie aus einem, an sie erlassenen
Schreiben erhellet, §. 12.

§. 16.
Von denen Amts-Verrichtungen der Priorin.

Die Priorin ist nach der Pröpstin, die vor-
derste derer Amts-Frauen gewesen. Sie war
die erste Beysitzerin, des Kloster-Raths. Ihr
ist einer der Schlüssel zum Conuents-Siegel an-
vertrauet gewesen. Sie trug Auffsicht über die
Liturgie. Hatten die Kloster-Frauen Klagen
vorzubringen, so geschahe es bey ihr, als der
ersten Instanz. Denen Nouizen solte Sie selbst
Unterricht geben, oder dieselben, an eine tugend-
hafte Conuent-Schwester verweisen. Wie
die Priorinnen auf einander gefolget, kan man
nicht sagen, weil alle Urkunden und öffentliche
Verläße, in dem Namen der Pröpstin gefertí-
get wurden. Dermahlen können wir nicht mehr
namhaft machen, als Catharina Ludwigin und
Magdalena Purkhardin. 1581.

§. 17.
Von dem Nouitiat, und Nouitiis.

Hatte sich eine junge Frauens-Person, von
16 Jahren entschlossen, das Kloster-Leben zu
erwäh-

erwählen, so muste sie bey des Klosters Noviz-
Meisterin, das Prob-Jahr antretten. Bin-
nen dieser Zeit erwieß man ihr allerley Drang-
saale, sie in der Gedult zu üben, und zu sehen,
ob sie das strenge Kloster-Leben gewohnen
könnte? Die Noviz-Meisterin unterwieß ihre
Schülerinnen, im Lesen, Schreiben und Singen,
in den Satzungen und Gebräuchen der Kyrchen,
und brachte denselben bey, wie man durch stren-
ges Leben, Gott den Himmel abverdienen mü-
ste. So lange eine solche Novitia in dem Prob-
Jahr stunde, musten die Eltern oder andre
Freunde, für Kost und Kleydung sorgen. Doch
genoßen sie, bey Vorbehaltung ihres Eigen-
thums über ihr Vermögen, alle Rechte, so
andern geistlichen Personen zugekommen sind.
Ja wann es Ihnen in dem Kloster nicht gefal-
len wolte, so stund es Ihnen frey, dasselbige
wieder zu verlassen Siehe Fleischers Einlei-
tung zum geistlichen Recht Lib. I. das XIX.
Hauptstück, §. 16. §. 17. §. 18. Vermög des
Vertrags, welchen das Kloster Pillenreuth,
mit dem Rath zu Nürnberg, als ihrem Landes-
und Schutz-Herrn a. 1392. aufgerichtet, soll-
ten in dem Kloster nicht mehr als 3 Novizen an-
zutreffen seyn, welche successive, nach Absterben
der Frauen, in das Convent tretten kunten.
Siehe §. 11. Allein dieses wurde nicht gehal-
ten, sondern immer dawider gehandelt, weil
die Einnahm solcher Kinder, beständig eine gu-
te Gelegenheit gegeben, Geld und Gütter an
das Kloster zu ziehen. §. 12. das zehende
Capitel.

§. 18.

§. 18.

Von dem Profeſs, und wie es dabey gehalten wurde.

War das Prob-Jahr zu Ende gegangen, ſo muſte ſich die Kloſter-Competentin, bey dem Convent melden, und um die Aufnahm bitten. Man beſtimmte ihr einen Tag, an welchem ſie vor dem Biſchof oder deſſen Vicario und dem verſammleten Convent erſcheinen muſte. Sie wurde befraget: ob ſie es auch genugſam überleget hätte, daß ſie den Eintritt in das Kloſter verlange? ob ſie zu dieſem Entſchluß nicht von denen Ihrigen wäre gezwungen worden? Concil. Trid. Seſſione 25. c. 17. Hatte die Novitia, dieſe und noch andere vorgelegte Fragen beantwortet, die Heimſteuer dem Kloſter erleget oder an liegenden Güttern angewieſen, darzu ſolenniter verſprochen, die 3 Gelübde zu præſtiren, und Zeit Lebens in dem geiſtlichen Stand zu verbleiben, alsdann wurde ſie geweyhet, und in den Ordens-Habit gekleydet, und ihr mit denen andern Convents-Schweſtern Gemeinſchaft gegeben. Wie es gehalten wurde, wenn eine Frauens-Perſon zu Pillenreuth, Gehorſam gethan, können wir nicht beſſer beſchreiben, als wann wir, das Reglement, welches ſich in des Kloſters Urkunden vorfindet, ſelbſten mittheilen.

Ordnung, wie manns helt, wañ eine gehorſam tut.

Wenn man die tag meß leut, ſo ſchol der Schulmeiſter mit den ſchulern geſammet ſten, vor dem tor des Cloſters vnd als man die praut hin auß fürt zu dem tor, So heben die Schuler an an zu singen das respons: Surge virgo vnd damit führt man die praut in die kyrchen.

Und wen das respons außgesungen ist, So pet die praut mit dem Priester der die Meß singt, das Confiteor, vnd darnach hebt man die Meß an.

Und nach der Predig, wenn die Korfrawen herab sein gangen vnd steen in procesweiß, So hebt der Cantor an zu singen, veni sancte Spiritus vnd singen das gantz auß.

Darnach legt man Ir für das geistlich vnd werntlich cleid, vnd wenn man Ir die werntlich cleider abezeucht so hebt der Cantor an, veni creator, den schuln sie langsam singen.

Nachdem spricht der Priester die verß: Salvam fac famulam tuam domine, darauf antwurten die schuler Deus meus, sperantem in Te. Mitte ei domine auxilium de sancto, Et de syon tuere eum. Nichil proficiat inimicus in eo, Et filius iniquitatis non apponat nocere ei, Esto ei Domine turris fortitudinis, A facie inimici. Domine exaudi! Dominus uobiscum.

Darnach schneit ir der Priester das hor ab, vnd nachdem spricht sie dreinstimmend den verß: Suscipe me domine, darauf peten die Priester dreinstimmend. Suscepimus Deus misericordiam tuam Gloria Patri &c.

Darnach legt sich die Praut an die veni vnd die Priester mit sampt den Schulern peten diese Psalm: Psalm magnus Dominus. Ps. miserere mei deus secundum. Ps. Ecce quam bonum.

Darnach singen der korfrawen zwu, die Letanei, vnd darauf singt der Priester die præfacion.

Nachdem gelobt sie gehorsam vnd *prosternirt* darnach wieder an die *venig* vnd der Priester spricht

spricht über sie den verß: Confirma hoc Deus quod operatus es in nobis, a templo sancto tuo quod est in Ierusalem Convertere Domine usquequo et deprecabilis esto super famulam tuam. Dominus uobiscum.

Darnach reucht vnd weycht sie der Priester, vnd weil sie noch an der veni liegt, spricht er über sie, die Worte: mortua es.

Wann sie von der venig aufgestanden ist, so setzt man ihr das crönlein auf vnd der Priester singt: veni sponsa, piß auf quam tibi, das singen die Schuler vollent aus.

Darnach opfern sie ir freünt auf den altar vnd wenn sie auf dem altar sitzt, so hebt man an zu singen, den verß veni sancte. das singt man ein mal aus vnd die korfrawen heben sie wieder von dem altar vnd füren sie zu der Sydeln.

Darnach tregt man das Sacrament heraus, vnter des hebt man an zu singen Cantum ergo. vers Genitori. nachdem gibt ir die pröpstin die gemeinschafft. darauf spricht der Priester, die worte Si consurrexisti vnd darnach hebt die Praut an Regnum mundi, das singen die Schuler vollend aus, vnter dem so gen die frawen wieder in iren kor.

Anmerkungen. Haar abschneiden, den geistlichen Personen, bedeutet, daß sie sich aller weltlichen Sorgen entschlagen sollen.

An den *venig prosterniren*: bey der feyerlichen Einkleydung einer Nonne und profess ablegen, wird bey dem Altar ein Teppich aufgebreitet, dahin führet man die angehende Nonne, und muß sie sich darauf legen, daß sie die beyden Armen aus einander schläget und die Form eines Creutzes vorstellet. Hat der Priester die Gebete über sie gesprochen, dann giebt er ihr den Schleyer: Hospinianus de orig. Monachatus Libr. III.

III. c. XIII. p. 194. adducebatur ad altare, solemni conventu, accensisque candelis, cui tum sacerdos ante veli impositionem dicebat, aspice filia et intuere et obliviscere populum tuum et domum patris tui, ut concupiscat Rex decorem tuum, ad quæ verba simul tegebatur velo, tanquam castitatis et verecundiæ testimonio, et omnis populus acclamabat, amen.

Krönlein. Diesen Kranz musten die Nonnen, unter Absingung geistlicher Gesänge, von Blumen machen. Siehe Casalium, de sacris Christianorum Ritibus. p. 334. seqq.

Sydeln. Siede, ein Sitz, ein Lehnstuhl oder Bank. Haltausii gloss. Germ. medii ævi. p. 1687. Siedel, sedile, eine Bank, Rusticanus termin. Interpres sub hac voce.

§. 19.

Ohne des Raths zu Nürnberg Vorwissen, durfte keine Convent- und Layen-Schwester ins Kloster aufgenommen werden.

Die Einnahm einer Frauens-Person in das Kloster, ist ein actus iurisdictionis, darum muste die Einwilligung dazu, auch nothwendig bey dem Rath zu Nürnberg gesuchet und ausgebracht werden. Von dieser des Nürnbergischen Raths erforderlichen Einwilligung, können die merkwürdigsten præiudicia angegeben werden, daß sich zum deutlichsten ergiebet: weder Chorfrauen noch Layenschwestern durften sonder Einwilligung der Nürnbergischen Landes-Schutz- und Schirmherrschafft angenommen werden.

A. Von Chorfrauen.

1. Der Bischof zu Eichstädt hat a. 1442. an die Pröpstin und Convent zu Pillenreuth geschrieben, daß sie auf seine erste Bitte, Catharina Kautschin, Hannß Kautschens von Culm-

Culmbach Tochter, ins Kloster einnehmen sollten. Die Klosterfrauen beziehen sich auf des Raths zu Nürnberg Einwilligung. Solche zu überkommen, lässet Herr Marggraf Albrecht ein Intercessions-Schreiben nach Nürnberg abgehen, datum Onolzbach, Mitwoch nach Conceptionis Mariæ a. 1442. Siehe Hist. Norimb. dipl. p. 971.

2. Juliana Zutschin die Pröpstin zu Pillenreuth, bittet Herrn Ruprecht Haller, in einem Schreiben, die Ottmaris 1483. Beförderung zu thun, daß Barbara Redwizerin, deren Eltern zu Nürnberg Burgere gewesen, durfte angenommen werden. Ihn ehender zu persuadiren, gebrauchet sie dieß Argument: ein solch tugendliches Kind, welches durch seine Fürderung zum geistlichen Stand gelanget, werde ihn, einsmalen aus dem Fegfeuer erlösen, und durch ein solches Werk vor der Höllen behüten. Denn es komme eine Zeit, wenn den Menschen alle Dinge verlassen, so folgen ihm seine gute Werke nach.

3. A. 1486. 3) nach Iubilate hat der Rath bewilliget, Caspar Schlüsselfelders Tochter, Anna, einzunehmen.

4. A. 1489. 3) nach Reminiscere, hatte der Rath erlaubet, Gabriel Holzschuers und Jacob Gärtners, Töchter, ins Kloster aufzunehmen.

5. Sambstag vor Trinitatis 1492. bekommt das Kloster Erlaubnus, Heinrich Geuders Tochter bey sich einzunehmen.

6. A. 1499. 4) post visitat. Mariæ tretten mit des Raths Genehmhaltung, diese 4. Jungfrauen,

frauen, Sebald Schürstabs zwo Töchter, Fabian Hallers und Heinrich Voitens Töchter, in die Sammlung zur lieben Frauen Schiedung.

7. Ludwig Schnödens Tochter, ins Kloster aufzunehmen, hat der Rath 6) nach Johannis A. 1511. bewilliget.

8. A. 1511. am Pfingstabend, ist der Pröpstin bewilliget worden, Georg Widmanns Tochter einzunehmen, wenn sie anders so viel mit ins Kloster bringet, daß sie damit eine andere neben ihr, hinbringen mag.

9. Hannß Geigers, des Apotheckers unter der Frauen-Kyrch, Tochter, tritt mit des Raths gutem Willen und mitgebrachtem dote, ins Kloster 1513. 4) nach Johannis.

10. A. 1513. 2) nach Johannis Baptistæ, auf der Pröpstin Zuschreiben, ist ihr bewilliget, des Abts zu st. Egydien, seine Schwester einzunehmen. Man hat ihr aber sogleich untersäget, hinfüro ohne des Raths Vorwissen, niemanden Zusage zu thun.

11. A. 1519. die Crispini et Crispiniani, kommt Jakob Welsers Tochter, Brigitta, mit des Raths Gunst, ins Kloster.

12. A. 1521. erlangen Stefan Schlauderspach und des Hannß Mussers, Töchter, 6) post assumprionis Mariæ, die Erlaubnus ins Kloster zu tretten.

B. Als Layen-Schwestern
sind mit herrschafftlicher Einwilligung aufgenommen worden:

1. Der Schürerin Tochter a. 1483. ♄ nach Michaelis.

2. Die

2. Die Nähter Kun, eine Jungfrau von Reichelsdorf, als Köchin, ☽ nach Jacobi a. 1486.

3. Des Klosters Wäscherin, als Layenschwester, doch muste sie zuvor Burgerin werden 3) nach exaudi 1491.

4. Hannß Harßdörfers Dienstmagd. a. 1519. die Crispini et Crispiniani.

§. 20.

Die Anzahl der Gäste und die Unkosten bey dem Profeß der Nonnen werden moderiret.

Hatte eine Novitia ihr Probjahr ausgestanden und der Tag kam herbey, daß sie, vor denen Superioribus und versammletem Convent, die profeß ablegen wolte, so wurden zu dieser Feyerlichkeit, der neuen Closterfrau ihre Eltern und Anverwandte, samt vielen andern Closter-Freunden, eingeladen. Bey einer solchen Gelegenheit sahe man die Nonnen in vollem Vergnügen. Sie machten sich mit denen Gästen und die Gäste mit denen Nonnen sehr lustig. Damit die geistlichen Frauen nicht möchten in üblen Ruf kommen, suchte der Rath, durch seine kluge Veranstaltung, allen Unordnungen, mit vorgeschriebenen Verhaltungs-Befehlen, zu begegnen. Als Herrn Paulus Imhofs Tochter, Gehorsam gethan, haben die Klosterfrauen sehr viele von ihren Freunden hinaus geladen; allein es durfte vermög herrschaftlichen Befehls niemand hinaus ins Kloster fahren, als der Jungfrauen Vatter und Mutter,

Anherr

Anherr und Anfrau, die Geschwistrigte und derselben Gemahl und noch 6 Personen, aus der Freundschaft. Denen, welche sich über das Verbot bey der profeſs eingefunden, koſtete es 20 fl. actum an ſt. Alexii Tag 1484. Ein Jahr hernach als die Iuliana Schlüſſelfelderin profeſs thate, wolte man gar niemanden nach Pillenreuth laſſen. Durch ſchriftliches Bitten erhielte die Pröbſtin endlich ſo viel, daß doch etliche Freunde, von der Novitia durften eingeladen werden. Actum am ♄ nach ſt. Matthäus-Tag 1485.

§. 21.

Pabſt Sixti Inhibition, **nicht mehrere Nonnen ins Kloſter zu nehmen, als daſſelbige ernähren kan.**

Sixtus Epiſcopus Servus Servorum Dei, ad perpetuam rei memoriam, inter cetera quibus ex ſuſcepti regiminis onere vigilancius intendere nos convenit, hoc ſumopere cupimus et debemus noſtris efficere temporibus, quod noſtre proviſionis auſpiciis, monaſteriorum et aliorum locorum regularium omnium, quorum nobis cura generalis eſt comiſſa, ſtatus proſperetur ubilibet, poſſintque monaſteria et loca ipſa ac in eis domino mancipate perſone a comminatis ſubtrahi diſpendiis et cum diuini cultus augmento proficere votivis incrementis. Sane ſicut accepimus ſancte clare eiusdem ſancte et ſancte Katherine, ſancti auguſtini, ſub cura et ſecundum inſtituta fratrum predicatorum viventium ac beate Marie virginis in *Pillenreut* eiusdem ſti. auguſtini ſub cura et ſecundum inſtituta

stituta canonicorum regularium dicti sancti augustini per prepositissam soliti gubernari *extra muros opidi Nurembergens.* ac in Grinlach (Grundlach) Cistercienfis ordinum monasteriorum Eistetensis et Bambergensis dioecesis in locis temporali dominio dilectis filiis Magistris Ciuium et Consulibus opidi Nuremberg prefati subiectis constitutorum et que hactenus sub tutela et defensione prefatorum Magistrorum et Consulum esse consueverunt, facultates pro recipiendis sororibus et monialibus ad domos et monasteria predicta confluentibus congrue non suppetant. Nos indemnitatibus domorum et monasteriorum huiusmodi et ut in illis regularis vigeat obseruancia oportune prouidere cupientes auctoritate apostolica tenore presencium statuimus et ordinamus. Quod de cetero perpetuis futuris temporibus in monasteriis prefatis sorores et moniales recipi non possint nisi prout illorum facultates suppetant, et quod mulieres dicti opidi et Indigene dumtaxat et non alie in sorores et moniales domorum et monasteriorum eorundem recipi et admitti debeant, ac sororibus et monialibus domorum et monasteriorum eorundem in virtute sancte obediencie districte precipimus atque mandamus. Ne aliquam in sororem et monialem domorum et monasteriorum huiusmodi contra decretum, declarationem, statutum et ordinacionem huiusmodi recipere seu in talem admittere quoquo modo presumant, constitutionibus et ordinacionibus apostolicis ac statutis et consuetudinibus monasterii et ordinum predictorum Iuramento confirmatione apostolica vel quavis alia firmitate roboratis ceterisque

in

in contrarium facientibus non obstantibus quibuscunque, Nulli ergo omnino hominum liceat hanc paginam nostri statuti ordinacionis precepti et mandati infringere vel ei ausu temerario contraire. Siquis autem hoc attemptare presumserit indignacionem omnipotentis dei ac beatorum Petri et Pauli apostolorum eius se noverit incursurum. Datum Campagnani Sutrinensis diœcesis. Anno Incarnationis dominice Millesimo quadringentesimo septuagesimo sexto, tercio Idus Iunii, pontificatus nostri anno quinto.

Anmerkungen. Dieser Sixtus war der IVte dieses Namens. Er war aus Savona, hieß Franciscus Riarius, anfänglich ein Franciscaner Mönch, kam 1471 auf den päbstlichen Stuhl. Er setzte, daß alle 25 Jahr das Iubilæum solte gefeyret werden. Hat sich zuerst eine Leibguarde von Schweitzern angestellet.

Congrue non suppetant. Biß zu diesen Worten stehet diese Bulle in der historia Norimb. diplomatica num. 392. p. 717. 718. aber mit veränderter orthographia, und mit Hinweglassung des übrigen Verfolgs, den wir mit hinzufügen wolten.

Tercio Idus Iunii, ist der 11te Junius.

§. 22.
Von den Seelgeräthen und Vermächtnüssen und den daher entstandenen Kloster-Gütern und Einkommen.

In den vorigen Zeiten war die Einfalt so groß, daß sich niemand getrauete selig zu werden, wenn er nicht noch bey seinem Leben etwas in ein Kloster geschenket, oder doch dasselbige in seinem letzten Willen bedacht. Dafür hofte man zu erlangen, daß die Seelen, bald aus dem Fegfeuer solten erlöset werden. Man war öfters mit denen Vermächtnüssen ganz verschwenderisch; das Kloster

Kloster machte man reich, sich und die Seinigen stürzte mancher in Armuth. Obwoln die Klosterfrauen zu Pillenreuth, mit so vielen Gütern, als andere Frauen-Klöster (siehe Hrn. M. Martini lesenswürdige Beschreibung des Klosters Engelthal §. 27.) nicht bedacht waren, so kunten sie jedennoch herrlich haußhalten. Sie hatten Güter zu Bruck, Reßwasser, Kiliansdorf, Gaißhof, Wildenreuth, Wozelndorf. Und die vielen einzelen Unterthanen, entrichteten ihre Gülten, die Zehenden, Steuer und ewige Geld-Zinße. Von denen ersparten Geldern, welche zu Nürnberg auf der Losungsstuben angeleget wurden, zahlte man den Klosterfrauen, jährlich eine beträchtliche Rente. Einige derjenigen Personen, welche wegen gestifteter Jahrtäge, dem Closter Wohlthaten erwiesen, wollen wir namhaft machen:

Ludwig, genannt der Römer, Churfürst zu Brandenburg, und Otto sein Bruder, beede Pfalzgraven beym Rhein, Herzoge in Bayern, haben a. 1361. ihres Herrn Vatters K. Ludwigs gestifteten Jahrtag ausgerichtet, und dazu auf ihren Zoll zu Cüstrin, verwiesen, jährlich eine Last Hering und zwey Schock breiter Groschen. Datum Nürnberg ♂ nach Lætare. Diese Urkunde, wollen wir zu Ende dieses Sphi selbsten mittheilen.

Hannß Tenisler von Plauen stiftete a. 1398. an st. Agnestag, seinen Jahrstag mit Seelmeß und Vigilien zu begehen, gab 20 fl.

Elisabetha Schenkin von Geyern, machte ein Geschäft a. 1404. an Symonis und Judä Tag,

Tag, ihr einen Jahrtag, an ſt. Eliſabethentag, alljährlich zu begehen.

Peter Kumpf hat a. 1406. 8 poſt Epiph. für ſich, ſeine Kinder, für ſeinen Vatter und Mutter Jahrtäge geſtiftet, und deswegen dem Kloſter 170 fl. ausgezahlet.

Anna Guneterin a. 1407. Margaretha Widmännin. Hannß Scheffer, ſich, ſeiner Ehewirthin Elß, und Hermann ihr beyder Sohn a. 1432. die Vrſulæ, gaben dem Kloſter 30 fl.

Beatrix von Haideck, Herrn Friederich von Haideck Gemahlin. Anna Käſtlin, hat ein Gut zu Röthenbach ins Kloſter vermacht, wegen ihres Jahrtags. 1389. Anna Gärtnerin. Frau Urſula Niclas Tezlin, eine geborne Holzſchuerin, verſchafte 1505. ♄ nach Maria Magdalena Tag, weil ſie ohne Leibes-Erben abgienge, dem Kloſter 400 fl. dafür ihren und ihres Gemahls Jahrtag zu feyern.

Wir Lud. genannt der Romer vnd Otto, gebrud' von gods gnaden Marg"ſſen zu der Brndenburg vnd zu Luſitz des heiligen Rom'ſchen Reichs Oberſte kemerer pfallentzg"ſſen bi Rine vnd hertzog'n in bay'rn, bekennen vnd tun kunt allen den di diſen brief ſehen oder heren leſen. Daz wir durch merung Gods dinſtes ouch durch hail des hochgeborn vnſers herren vnd vaters ſel. dem God gnade vnd all vnſer vorder vnd nachkom'der ſele, vnd zu einer ewigen gedechtniſſen vnſers egnanten herren vnd Vaters ouch vnſer vnd aller der dauon wir gebor'n ſint ſele willen zu einem recht'n almoſen. Vnd zu ſture irer kranken Narung di ſi noch haben, den gaiſtlichn frouwen der heilgn ſumng

F (Sam-

(Sammung) der cloſen geheizzen zu vnſer frouwen ſchidung geleg'n bi Nuremberg, der vnſer vorſchrib'n herre vnd vater in götlicher begierde vnd mainung ſtifter von irſt (erſt) geweſen iſt, Solche almoſen vnd gnade getan vnd geb'n hab'n, tun vnd geb'n ouch volkumenlichen mit dieſem ſelb'n brief, daʒ ſi von vnſerm Zolle zu kuſtrin an der Wartte, von vns allen vnſern erb'n vnd nachkomenden alle iar hab'n vnd zu ir'n frumen vnd nuʒe nemen ſullen vnd mügen eynen laſte heringhes vnd daʒu zwei ſchock preiter groſch'n oder zwu bndenburghiſche (brandenburgiſche) m'rk (Mark) di in oder iren boten, di ſi darnach ſenden, vnſer Zollener, di nun ſin oder fürbaʒ werdent nu von irſt an ſant martens abent der neheſt kumpt vnd dernach fürbaʒ alle iar vff den ſelben ſant Martens abent furderlich'n on alle minerung vnd wider rede alle iar ains geb'n ſollen, vnd wollen ouch vnd gebiten, denſelb'n allen vnſern Zollnern, di nu oder zu künftig'n Zeiten ſint vnd ouch allen andern vnſern amptleuten, daʒ ſie in von vnſern wegen an der obgeſcrib'n gnade furderlich'n ſein vnd ſi dar an nicht hindern noch irren in dheiner wiſe, noch wider ſolche gnade vnd brief di ſi dar vber von vns hab'n nicht entun veſtichlich'n bi vnſern hulden, welcher von vnſer' Zollner' amptleute oder anders ymand der vnnder vnſer herſchafft wonnet vnd vns zu gebot ſtan, da wider tete vnd ſi daran hindert, der wiſſe, daʒ er vnſer ſtraffen vnd ſunder vngenad dar vmb tragen mus, Daʒ in daʒ alſo gentzlich'n ſtete vnd vaſte gehalten werde vnd widervar des geb'n wir in zu merer ſicherheit diſen brief mit vnſern Inſigel

besigelt,

besigelt, dapi sint gewesen als der obgeschrib'n sache gezüge, der Ersam in gode pisschoff-hein-reich von Lubus (Lebus) vnd ouch veste Manne Johanns der husemer, Peter von Trutenberg Rittere vnd guntzel von bert'nsleven. geb'n zu Nürnberg nach christi'geburde drietzeh'n hundert Jar in dem ein vnd Sechßigesten Jare am Diensttag nach Letare.

Anmerkung. Das davon abhangende länglichte Siegel, ist ein figillum pedestre. Der Marggraf ist stehend abgebildet, wie er in der rechten Hand eine Fahne, und in der linken Hand, den Schild, mit dem brandenburgischen Adler hält. An dem Leib ist er mit einem Panzerrock, welcher biß an die Knie gehet, bekleydet, um die Schultern hanget ein Fürstenmantel, so biß an die Knöchel reichet. Auf dem Haupt sitzet ein Casquet. Die Umschrift heisset: ✚ S. Ludvvici Romani Dei gracia Marchionis Brandenburgensis. Er wurde deswegen Ludwig, der Römer, genannt, weil seine Frau Mutter, Margaretha, Gräfin von Holland, A. 1328 zu Rom, bald nach ihrer Krönung, mit ihm niedergekommen ist. Wann der ältere Kayserliche Prinz, auch Ludovicus geheissen, so wurde dieser, Ludovicus brandenburgensis, der jüngere aber, Ludwig der Römer genannt. Siehe Hempels Erläuterung über Ludevvigii Germ. Princip. Libr. IV. c. I. §. 13. p. 1157.

Diensttag nach *Letare*. Lætare ist a. 1361. den 7. Martii gefallen, also ist dieses diploma den 9. Martii gefertiget worden.

§. 23.

Von dem Gericht bey dem Kloster Pillenreuth.

In Pillenreuth war ein sehr altes Mal-Gericht. Herr Conrad Groß, hat solches, wie er es, von dem Reich an sich gebracht, mit allen Gerechtsamen, dem neu errichteten Kloster übergeben.

geben. Siehe oben §. 5. Am Amt saſſen, ein Richter, ein Gerichtsſchreiber, und XII Schöpfen, denen ein Gerichtsknecht zugegeben war, der die Gerichts-execution mit eingehen in des Beklagten Hauß und deſſen Entſpännung vollbringen muſte. Alle ſind in Ayd und Pflichten geſtanden. Dieſes Gericht verſammlete ſich das Jahr viermal in der obern Stuben des daſigen zweygädigen Bauernhauſes, und hielte Rüeg- und Ehehaft-Recht. Die noch vorhandenen Gerichts- und Wandel-Bücher de a. 1468. de anno 1523. 1528. 1560. 1568. biß 1591. erweiſen zur Genüg, wie ordentlich und billig man bey dieſem Gericht verfahren. Die auswärtigen Herrſchafften haben es deswegen allezeit für eine rechtmäſſige Inſtanz gehalten, und das ſollen die unten angefügten Miſſiven beweiſen. Seit 1592. da die letzte Pillenreuthiſche Servitial und Layen-Schweſter, das Kloſter, ſamt allen Zugehörten, einem hochlöblichen Magiſtrat der Stadt Nürnberg übergeben, iſt dieſes Gericht abgegangen. Nun werden die vorkommenden Handlungen, der Kloſtergüter und Unterthanen, von einem conſtituirten Herrn Pfleger tractiret und beygeleget.

§. 24.
Beeidung aller zum Gericht gehörigen Perſonen.

A. Des Richters Ayd.

Item es iſt zu wiſſen, das ein yettliches Richter ſein trew geben ſol, vnd dazu, zu gott vnd

vnd den heiligen sweren, das er dem richter
ampt, trewlich vnd gewertig vor wolle sein,
dem armen, als den reychen, vnd das nit laſ-
ſen wölle, weder durch frewndſchafft noch veynt-
ſchafft, durch lieb noch durch leyd, durch myet
noch durch gab, von niemants willen vnd das
gericht behalten wölle, bey ſeinem alten her-
khommen, on alles geuerde, des bitt mir gott
zu helffenn vnd alle heyligenn.

B. Der Schöpffen Ayd.

Es iſt zu wiſſen, das ein jeder ſchöpff der
gewölt wird zu dem Schöpffampt, der ſol ſein
getrew gebenn v. dartzu zu gott vnd den heiligen
ſweren, das Er dem ſchöpffen ampt trewlich
vnd gewertig vor ſein woll vnd das recht ſpre-
chen wolle, mit ſampt anndern ſchöpffen, nach
ſeinem Gewyſſenn vnd gut bedunken, denn ar-
men als dem reychenn, das nicht laſſenn wölle
weder durch frewndſchafft, noch durch veynd-
ſchafft, durch lieb noch durch leydt, durch myedt
noch durch Gabe getrewlich vnd vngeuerlich,
das bitt mir gott zu helffen vnd alle heyligenn.

C. Der gerichtſchreyber Ayd.

Ein gerichtſchreyber ſol geloben vnd darauff
zu gott vnd den heyligen ſweren, das er des ge-
richts mit allem vleyß wartten vnd pflegen vnd
alle clagen, antwurtt, gegenrede, nachrede,
kuntſchafft, vrtail, mit ſamt allen gerichts
henndeln vnd andern, So Jme derohalb ge-
púrt, getrewlich vnd vngeuerlich, nach ſeiner
peſten verſtenntnus beſchreibenn, vnd des ge-
richts heimlykeyt, auch kein vrtail, So durch
die

die Schöpffenn oder vrtaylsprecher gesammelt oder ertaylt wirdet vor vnd ee die gerichtlich eröffennt werden gen nyemanndt melden, auch alles das, das er pillig verschweygen solle, zu ewigen zeytten verschwigenn haltenn, auch keynerley myed, gab oder schanck vordern noch nemen alles getrewlich vnd vngeuerlich.

D. Der gerichtz knecht oder Püttel ayd.

Es sol ein gerichts knecht oder Püttel gelobenn vnd sweren, das er der Pflegnus des gerichtz, mit fürpott, verkündung, votung, kundschaft vnd allen anndern sachen, das gericht berürendt, getrewlich pflegen, volstreken, sagen vnd gewartten, vnd keine geuerlichen verziehen. Das er auch menniglichen armen vnd reychen, pfanndts helfen, als er von gerichts wegen, zu recht sol, vnnd das weder durch myedt, gab oder annder sach vnd außzüge, nicht verziehenn noch nymannd darinnen verschunen wölle, alles getreulich vnd vngeuerlich.

Anmerkung. Myedt. Eine Verehrung, freywilliges Geschenk, oder Arbeit, welche statt der Bezahlung geleistet wird. Wachter. 1678.

E. Was man an allen Ehehafftrechten ablesen muste.

a. Item es ist zu wissen, das für vnsern lieben pfleger Herrn N. vnd für mich frawen N. Pröbstin vnd Schafferinn des würdigen Conuents kommen ist, mancher vnbescheydener hanndel vnd vnerberig sitten vnd newer gewonheyt, die vor alter nit seyn herkommen, dann zu wissen ist,

ist, das vnser recht allwegen gar redlich, löb-
lich vnd frydlich, still vnd gehorsam ist gewest,
denn die im rechten zu pieten vnd verpietten ha-
ben gehabt, Nun kumpt für vns, das, das
gar fast abnimpt, in etzlichen, vnd gar geprech-
enlich erscheynt, doch nitt in allenn, So ir
euch nun nit kunt haltenn vnd geprauchen vnd
vereinigen, alls pilligkeyt erayscht vnd fordert,
So wollen wir mit gewallt vnd guter gewissen,
darauf setzen puß vnd straf, des erstlich nach
grossen genaden gillt, ob das nit wollt helffen,
darnach mit andern ernst, das mer auff in trug,
das wir euch in lieb ratten zu vermeyden, denn
keins dar innen sulle geschunt werden, weder
Junngs noch allts vnd hinfür vnnser hofmaister
gar ernstlich müessen haltenn, auch bey eiher
püeß. Nun gen hernach die stük, die wir ge-
pietten zu hallten, Ein yettliches LX pfenig an
alle genad, dartzu ich schafferin ein puchssen hab
gekawfft mit zweyen schlüsseln, Solle der rich-
ter den einen haben, den andern will ich schikenn
vnnsern getrewen pfleger vnd so offt LX pfennig
verfallen, sollen XXX mir schafferin gefallen,
die sol ich an des conuentz nutz legen, nach
trewen, nach notturfft, vnd ich erkenn, die
andern XXX solle der richter in die Püch-
ssen legen, die sollen gewendt werden, in die
gemeyne, nach rath vnnsers getrewen Pfle-
gers, vnd der eeltzten vier des rechten. Nun
gen hernach die stük, die wir gepietten vnd ver-
pietten. Des ersten gepietten wir, so das recht
ausgegangen ist, das keiner freuelich oder vn-
bescheydenlich dem andern einred, noch sein m
fürsprechen nit einred, weder mit spöttlichen
oder

oder freveln wortten, oder hönreden, allein
sein fürsprech, soll allein reden vnd die andern
hören in gantzer still, vnd merken die sach, vnd
mit vernunfft, die sach ausrichten, vnd nit
auff den tisch vnbescheydenlich schlahen mit gros-
sem geschrey vnd freuel, vnd annder mer gro-
ber vnzucht, die vns für sein kommen. Vnd
darumb soll das gericht verpfändt sein pey LX
pfeñig wollicher in der stük einem freuelich vber-
tret, oder wollicher sich wider ein gemeyn setzt,
anders, dann vor rechtlich geweſt iſt, der
muß geben die LX Pfennig oder am dritten tag
darnach gepfenndt werden, ob er sich wider-
setzt, vnd es soll keines geschunt werden, wol-
licher er halt ist, Nun iner erman wir euch all
ewer trew vnd gelübt, ewer yetzlicher vns ge-
thun habt, vnnser schaden zu wennden, allent-
halben vnnsern frummen zu füdern, wöllicher
der ist; der hat gelobet vnd nit helt, der wirtt
an zweyffel hart gestrafft hye oder dort, wann
wir die gefangen vnsers herrn sein vnd kunnen
vnser gütter selber nit beschützen noch bewaren,
aber doch darumb, das wir euch sollicher fell
vnd freuels nit ein sach sein, aus vnnser ver-
saumnüs, So setz wir LX Pfeñig darauff wel-
cher vns meer zu schaden leſt geen, knecht oder
meyd, oder kindt, oder vieh, Es sey in ru-
ben, krawt, getreyd, In hölzern, in weyhern,
an vnser verlaub oder wissenn, müssen an alle
gnad geben LX Pfeñig, doch mag der schad
als groß sein, er mus mer geben, das sagt
all ewrn kinden, knechten v. meydenn.

 b. Es ist auch zu wissen, das vnnsern ge-
trewen herrn N. vnsern pfleger, der vns von
einem

einem Ersamen fürsichtigen weysen ratt zu
Nürnberg verordnet vnd gesetzt ist, auch Pröbstin vnd Schafferin alhie zu Pyllnrewt, stattlichen angelanget hatt, wie die Jhenigen, so
ruegweyß vnnsern schaden So etwann vil vnnsern Closter mit beschedigüng vnser wysenn vnd
eckern beschicht dieselben so sollichs rüegen wie
dann von allter herkhomen vnd recht ist, von
den anndern vereter gescholten, vnd geschmecht
werden, Demnach ist vnnser ernstlich meynung, wo hinsüro solche schmehung angezaigt
würde, vnd derhalb fürgepracht, oder sich sollichs mit seinem ayd vnd rechten nicht benemen
mocht, zu pueß verfallen sein soll, ein guldenn
reinisch landßwerung, Es möchte auch einer so
freuentlich handeln, man werde Jme gen
Nürmberg gesencklich antwurtten, vnd ein Erber radte mit ihm handeln, wie ein ratt zu radte
würde, damyt wyssen sich meniglich dafür zu
verhüetten und vor schaden zu bewaren.

c. Es ist auch sonderlich verordnet, nachdem man Jerlichen hie zu Pillenrewt rüegt, sol
also gehalten werden, so zween an ermelter
rüege gesessen sind, sollen zu der andern rüege
zween erwelt, vnd also hinfür ye zween vnd
zween, biß zu außgang der zwölff schöpffen,
darnach wieder oben an zu heben.

d. Verkünd-Brief.

Zu merken daz vnser wirdige fraw pröbstin
vnd der Conuent etlich artikel v'künden vnd
verpiten lasen, als ir hören wert, vnd hernach
volgt. Zum ersten lassen sy verpiten, daz hinfür nymant in yrem getreid oder wisen grasen
oder

oder krawten sol, on eins hofmeisters willen
vnd wisen bey pen iiij Pfund.

Zum anndern daz nyemant in ire holczer
oder sleg ir vih nit treiben sol vnd daz sullen
sy iren hirtten verpiten, auch sullen sy daryn-
nen dy strew nit rechen, hollz oder eest nit ab-
hawen, noch keinerlei daz schaden precht, vnd
wen dy vnsern ein solchs sehen daz sollen sy zu
hant dem hofmeister kunth tun py der gelübt dy
sy vnser frawen Pröbstin geton haben.

Darnach lassen sy verpiten, daz man in
Irem weier mit dem Vih nit treiben, grasen
oder meen sol, noch mit dem Pferden auf dem
Wer nit hüten on laub vnd wissen eins hof-
meisters.

Mer verpit man, daz man des morgens
oder abencz durch des Klosters hof nit reitten
sol, insonderheit nach der Complet von irs ge-
schreis vnd vnczuchts wegen dadurch dy frawen
in iren czellen vnrw haben, vnd an irem gepet
gehindert werden.

Item mer gepitten Sy daz ein yglicher sein
ehehalten vnd kindern sagen sol, daz sy nit stey-
gen in ire gerten vnd daz obcz abreyßen vnd ire
Zewn nyder tretten vnd dy pelczen verderben.

Mer verpitten sy alle kapffer weder in
den holczern noch an keine statt pey j. gulden,
auch sol keiner mer tauben halten, dann im
zu stet.

Darnach v'peut mann daz keiner vber vn-
ser Mark ackern sol anders dan von alter her-
kumen ist. Vnd wer daz von dem andern weiß
der sol es rüegen bey dem ayd.

Item

Item vnd wen vnser hoffmeister oder vnser eehalt vnsern schaden bewaren, fürpringen, oder weren wolten, welcher dan sollichs an yme rechen wolt, oder frewel, smachheit yme beweiset, dem wirt man straffen mit einer Pen j. gulden.

Anmerkung. Kapffer. Einer der an den jungen Bäumen die Gipfel abschläget, oder abhauet, von Kapfen, amputare. Wachter Gloss. p. 812. Kapfer, Vorsliche, proceres et sunt capita trabum, qui eminent extra parietes, Kragstein, siehe das alte teutsche Lexicon Norib. de anno 1482. genannt Rusticanus terminorum Interpres. Hier könnte es soviel heissen, als alle Vorsliche, Fürreuthe die zu weit auf die Gemeine hinaus gehen, und dieselbe schmälern oder hindern.

F. Hernach volgt, wie alle straffen sollen gerüegt vnd fürgenommen werden, nemblich als schlagen, raiffen, werffen, schenden, schmechen, verwundung, fridpoth vnd anders.

Erstlich, so Mann oder Weyb einander schenden, schmehen, als Diebe, schelmen, Pößewicht, dy Weyber huren oder Diebinn schmehen, Sol ein yeder drey tag in dy eyssen geschlahn werden, oder für yeden tag 30 Pfen. bezalen alzobalden.

Item so sy aber einannder mit feusten, Pakenschlagen oder raiffen, So Peuterling gesehen werden, so soll der theter oder theterin der Herrschafft zu straff vnd wandel geben alsbalden 6 Pfund vnd dem beschedigten 4 Pfund vnablässig.

Anmerkung. Peuterling: Pauderling. Wunden die offen, aber doch nicht schädlich, auch Heftens vnd Maiselns nicht brauchen. Haltausii Gl. p. 1459.

Item,

Item, so einer dem andern verwunth, hawet, sticht, so ein Wund ist, So gepüeret der herschaft dy straff 30 Pfund vnd dem beschettigten 20 Pfund zu erlegen, so aber dy Wunden nit groß oder geuerlich, so strafft man sy aus gnaden halb so viel, das ist der herschafft 15 Pfund vnd dem beschettigten 10 Pfund vnabläßlichen.

Item in allen verwundungen behelt mann dy lemung Jar vnd tag beuor alßdenn stett es zu erkenntnus der herschafft.

Item so ainer ainich fridpoth veracht oder vbertritt, so ist dy straff 10 fl. der herschafft.

Solche straffen soll der richter bey seiner Pflicht vnabläßlichen in vier Wochen einbringen, vnd Je verpürgen lassen, oder er wirdt solche selbst bezahlen müssen, In ein Püchssen legen vnd rechnung dauon halten.

Darnach wisse sich menniglich zu richten vnd vor solchen straffen zu verhüeten.

§. 25.

Verschiedene Schreiben an das Gericht zu Pillenreuth.

A. Von dem Land-Gericht.

Johann Christoff von Gich, der Rechten Doctor, Lantrichter des Kayserlichen Landgerichts des Burggrafftthums zu Nürmberg

Entbeut dem Erbarn N. N. hofmaister vnd Richter zu Bilnreudt, Mein freundtlich Dienst zuvor, Vnd füeg dir hiemit zu vernemen, das sich heinrich Kasser zu Unterferrieden vnd hannß Kraus zu Schwarzenau Inzichtere,

zichtere, Vor mir im Landgericht hiebeyliegende Weysung Artickel zu beweisen erbotten. Damit Sie dann, wie Recht ist zugelassen werden, dazu sie neben andern etlichen gezeugen, die ambts halben vnterworffen zu gebrauchen Notturfftig, dennnach ist an dich, von berüerts kayserlichen Lantgerichts wegen mein freundlich bitte, du wöllest der warheit vnd gerechtigkeit zu steüer die Zeugen, so dir gemellte Inzichter anzeigen v. benennen werden, vff einen nemlichen tag rechtlich für dich erfordern. Dieselben auch alspaldt mit gelübden vnd ayden beladen. Hiebeygelegte Weysung Artickel der Inzichter, auch genaue fragstuken so du ambtshalben hierinnen furwenden wöllest, die warheit zu sagen vnd fürtter wie recht ist zu verhören, Ir sag vnd Zeugnüs aigentlich auffschreiben lassen vnd die besiegelt verschlossen, obgenanten Inzichtern gegen zimblicher belohnung vberantwortten, sich derselben in sechß wuchen der nehsten nach vberantwortung diß briefs Im Rechten vor Lantgericht zu Irer Notturfft haben zu gebrauchen. Daran geschicht dem Rechten billige fürderung vnd mir guts Gefallen, Meinethalben freundlich zu verdienen. Geben vnter des Lantgerichts Insiegell am Mondtag nach dem Sonntag Reminiscere a. LXXIIIJ.

Anmerkung Das Siegel ist auf gelbes Wax, mit überlegtem Papyr, außen aufgeschlagen gewesen, und dasjenige, welches Herr Pfarrer Oetter in dem Versuch einer Geschichte der Herren Burggraven zu Nürnberg, Tom. I. p. 79. angeführet hat.

B. Von

B. Von dem Gericht zu Schwand.

Die Thurſnerin, von Schwerzenloe, iſt komen vor gericht hie zu Schwandt vnd anklagt den alten Sibenell von Lerſtetten vmb 4 fl. 3 Pfund vor holz das ir Man ſeliger bezalt hatt, Nun iſt das holz yn nit gefolgt vnd iſt vor recht geſtanden. vnd mit vrtel vnd recht ſolchs erlangt, darumb ſie den Jacob Sibenell zw geſprochen hatt, vber ſolchen allen hat der frawen nit mögen volgen, wy ir durch recht geſprochen iſt, Nun hat die fraw dem Ambtmann zw Schwobach klagt, dieweil ſich der Sibenell ſolchs widert vnd des rechtens nit gewart, wy wol es ime alle mal verkundiget iſt worden, So hat der Ambtmann geſchrieben, was die Fraw mit vrtel vnd recht erlangt habe, das ſol man ir helffen, welches geſchehen iſt, nach gerechts ordnung, nachdem als die fraw komen iſt vnd ſolchs begehrt, hat ein richter vnd ein Erbar Rath dem rechten nach nit wollen verhalten, actum Dinſtag nach Invocavit im 1526 Jar.

Inſcriptio. An Erſamen vnd weyſen N. N. Richter vnd Rath zw der Pildenreuth vnſern günſtigen guten freunden.

C. Von dem Caſtner zu Roth.

Mein in Ehren gebüerende dienſt zuuor. Ehrwürdige Gl. fraw Schaffnerin. Sich hat verſchinen Jaren begeben, das weyland Hans Hamer im Amt Roth zu Pellenbach geſeſſen a. 62 aus dieſem ſterblichen Leben durch den zeitlichen tod abgefordert worden, und nach ſnie Cuntzen Hamer ſeinen ehlichen v. noch unmündigen

digen Sohn hinterlaßen, welcher als er anjetzo zu seinen mündigen vnd vogtbaren jaren komen, vnd durch seine verordnete Vormund in erfahrung gebracht, wie das Claus Hamer zu Herpersdorf seines Vatters bruder alles so sein Vatter an haußrath vnd andern beweglichen güettern, hinter sich verlaßen, dazumal one ainige der herschaft bewilligung vnd anmuttung auffgeladen vnd hinweg gefürt, welches sich vngefehrlich in die 28 fl. werts, (weniger oder mehr) erstrecken möcht, Inmaßen beyligende Verzeichnús zum theil außweißet, hat er gedachten sein Vettern, E. Ehrwürden hintersetzen vmb Abtrag und eraetzlichkeit solcher, aigenes gewallts, hinweg gefürten, fahrenden Güettern, durch etzliche seiner freundt güetlich besprechen vnd anreden laßen, er inen aber darauff nur böse, vnnütze wort mitgetheilet, und nichten gestehen wöllen, dadurch er verursachet worden, mich vmb vorschriften an E. Ehrwürden anzulangen. Wann ich mich gleichwohl bey meinen Amtsbeuohlenen, sein Hamers gegebenen Pfleg-Vättern so viel erkundigt das die sachen mit entfürung bemelter hab im Grund also beschaffen und also dem armen waisen, in verbleibung gebürender widerkör gar ungüettlich geschehe, als hab ich ime, mit vorbittlichen schreiben an E. Ehrwürden vff erhaischenden fall, willfärig zu erscheinen nicht sollen vnterlaßen, gelanget hierauff an E. Ehrwürden mein nachbarlich ehrenfreundlich bitt, dem eurigen, vff verwaigernng der gütter in ernst zu verschaffen, das er sich mit dem armen vnd sonst verlaßenen waisen der billigkeit nach

ver-

vertrag, oder aber das seinige one Mängel vnd Abgang wiederumb erstatte. bin ich Amtshalben in dergleichen vnd andern zutragenden fällen, gegen E. Ehrwürden Schuzverwannten zu der gebür nachbarlich, für meine Person aber Ehrenwillig zu beschulden allezeit bereit, götlicher gnad beuehlendt, Datum den 1 Maij 1581.

Hannß Humel, Castner zu Roth.

D. Von dem Richter zu Kazwang.

Mein freundlich nachbarlich willig dienst bevor Gonstiger Herr Nachbar Hoffmaister, es zaigt mir mein amptzverwandter Malmüller an, es hab Bastel Kaiser, bey Hanns Stadel einzunehmen, von wegen eines rosses, dieweyl Ime denn Bastel Kaiser soviel als 4 fl. j ort schuldig ist, So gelanget an euch mein freundlich bitt, Ir wolt Ime solch gelt Innen behalten, Solches bin ich in dergleichen, nachbarlich wieder zu verdienen vrbüttig, geben Kazwang den 4 Maij des 1591 Jahrs.

Hannß Bergner, Richter daselbst.

Inscriptio. Dem Erbarn Hannsen Haiden, Richtern, vnd Hoffmaister in Closter büllenrewt, meinem gönstigen Herrn Nachbarn.

§. 26.
Ein vor dem Gericht zu Pillenreuth errichteter Vertrag, de anno 1515 wegen einer Pfründners Stelle bey dem Kloster.

Vff heut Erichtag nach Fabian v. Sebastian im XXVten Jahr ist für offen gericht kumen zu zu Büllenrewt, der Kuntz Wagner an statt der würdigen Frawen Pröbstin vnd eines gantzen Conuents, vnd Eberhard Schneider vnd Hannß Kulmar sein aiden für In selbs vnd sein Haußfraw vnd haben begert den vertrag der gescheen ist, zwischen beden partheyen, von wegen einer pfrendt, das man solchen vertrag sol Inns gerichts buch zu schreiben vnd laut der Vertrag also:

Wir Veronica Pröbstir, Magdalena Priorin vnd gemeiner conuenz des Closters zu Pillenreut Eysietter pistumbs, bekennnen offennlich mit dissem prieff, das wir von wegen fleissiger pitt, Eberhart schneider, ein Pfründ versprochen haben vnd versprechen Im auch in crafft diß prieffs, darum er vns auch versprochen hat, fünff vnd sechzig gulden reinisch, die vnß Niclas paur der dem obgemelten eberhart schuldig ist, vnd Im seinen Hof abkaufft hat, vnd Niclas paur vnß versprochen hat, zu zalen, alle Jar zehen Gulden daran zu geben, so lang piß er vnß bezalt fünf vnd sechzig Gulden, die ander sum nimpt Eberhart schneider ein vnd silichs ist gescheen, mit Verwilligung seiner Tochter vnd eiden seßhaft zu kützwang, ob Eberhart mit tod abgieng ee dan wir gar bezallt seindt, so sollen wir solche obgedachte Sum einnemen von Niclaus pauern, vor menniglich vngehindert, vnd der hoff darauff Niclas Pauer sizt, soll vnser vnderpfandt sein, so lang biß mir bezalt sindt, welches aigentum so vnser ist. Es hat sich auch Eberhart versprochen, nach seinem Vermögen zu arbeitten vnd in vnser trew zu sein, dargegen versprechen wir Jm auch also alle tag ein Maas piers vnd zu essen ein Notturfft, nach vnserm Vermögen vnd soll sein Lebenlang von vnß vnuertrieben sein, dargegen begeren wir auch das er sich mit vnß vnd den vnsern auch friedlich vnd gerusam halten woll, solcher Vertrag ist gescheen, in peywesen Frawen Veronica Pröbstin, Magdalena Priorin, Anna Schenkin, Künigunda Müllnerin, Barbara Fürerin, Magdalena Kreßin Schaffnerin, vnd vnnsers capellans Herrn Othmars Müllner, Hannß Schober, Herrenknechts, Hannß Hell von Wozelndorf vnd Eberhart Schneiders vnd seiner tochter vnd eyden mit Namen Hannß Kulmann von Cazwang. Des zu waren Vrkundt vnd sicherheit, so geben wir Eberhart Schneider, diesen prieff, mit vnnsers Conuentz Insigell, der geben ist am Suntag nach Partolomäi des hailigen Zwelffpotten den sib vnnd zueinczigsten tag des Augusti als man zalt von Christus gepurt 15.25. Jars.

Hat auch versprochen sein pettgewant hie her zupringen sollichs soll er auch tun vnd einantwurtten.

§. 27.

Von dem Siegel des Conuents.

Auf dem Siegel des Conuents, welches das Titulblat vorweiset, wird die Scheidung, oder das Absterben der Jungfrau Maria vorgebildet. Das Kind, welches der Heyland auf

auf dem linken Arm hält, stellet die Seele der
Mariä vor, die Er bey seiner Ankunft vor ih-
rem Sterbe-Bette aufgenommen und sogleich
nach ihrer Begräbnus, dem erweckten Leib wie-
der zugesellet. Siehe von der Mariä Schie-
dung und Himmelfarth mehreres, in Ioh. Frid.
Maieri diss. de Conuentu apostolorum ad mor-
tem Mariae, Lipß. 1671. Die Feyer von Ma-
riä Schiedung fället auf den 15ten Augusti
ein. Siehe Haltausii Calendarium medii aeui,
p. 116. §. 50. Die Umschrift des Siegels
heisset + Sigillum Conuentus in Pillenreyt.
Man gebrauchte dieses Siegel, wann eine
Handlung, in dem Namen eines ganzen Con-
uents muste bestättiget werden. Nicht einmal
die Pröpstin kunnte allein dazu gelangen, son-
dern muste warten, biß die zwo übrigen Amts-
Schwestern, ihre Schlüssel zur Stelle brach-
ten. Doch scheinet es, die Pröpstin habe ein
besonderes Siegel geführet, womit sie diejeni-
gen Befehle besiegelt, welche sie eigenmächtig
kunte vollziehen lassen. Die Frau Anna Schlüs-
selfelderin, welche von a. 1493 biß 1510 Pröp-
stin gewesen, bediente sich eines länglichen Sie-
gels, welches die Verkündigung des Engel
Gabriels vorstellete, mit der Umschrift: * * Si-
gillum prepositure Anne Schlüßelfelderin. Die
letzte Schaffnerin Frau Margaretha Burck-
hardin, führete wie ihre Amts-Vorgängerin
Frau Agatha Steurerin, ein kleines Siegel,
welches Mariam coronatam et radiatam, mit
dem Jesus-Kindlein, abgebildet hat.

§. 28.

§. 28.

Bey dem Kloster Pillenreuth, wird ein Hauß für die Büsserinnen oder Reuerinnen erbauet.

Nicht alle Frauens-Personen können in einen Orden tretten und sich darinnen einkleiden lassen. Davon sind auch diejenigen ausgenommen, von welchen man weiß, daß sie kein züchtiges Leben geführet. Doch, weil diese ausschweifende Personen, nicht selten zu Erkänntnuß ihrer Sünden gekommen, und gerne ihr Leben in der Stille beschlüssen wollten, ist ihnen zum Besten, der Maria Magdalena Orden gestiftet worden. Personen, welche in diesen Orden getretten, nennete man Conuertitas, Reuerinnen, Büßerinnen.

Herr Conrad Kunhofer, aller Facultaeten Doctor und Pfarrer bey st. Laurenzen in Nürnberg, hat a. 1477 in seinem Testament verordnet, daß von seiner unverschaften Haab, als weit dieselbige reichen würde, sollten ewige Zinnße gekauffet werden, zu Unterhaltung 3 oder 4 Personen, die nicht heimlich sondern öffentlich in dem gemeinen Frauen-Haus ein sündlich Leben geführet haben und sich bekehren und die übrige Lebens-Zeit in Buß hinbringen wollen, also, daß diese Büßerinnen in einem Hauß beyeinander wohnen möchten. Die Reguln und Statuten, nach welchen diese Büßerinnen sollten regieret werden, hat er denen 3 Obristen Hauptleuten des Raths zu Nürnberg anbefohlen.

len. Hierauf ließen die damaligen 3 Obriste Stadt-Hauptleute, Herr Ruprecht Haller, Herr Niclas Groß und Herr Gabriel Nützel, eine Clausen und Behaußung, zur Wohnung und Aufenthalt der Büßerinnen, mit allen darzu gehörigen Nothdürftigkeiten bauen. Dieses Büßer-Haus, muste nachgehends die Pröbstin, und das Conuent, auf ihre Kosten in dem Bau erhalten. So haben auch die Herren Obrist-Hauptleute, in der Losung-Stuben zu Nürnberg erkaufet 150. fl. Rheinischer Landes-Wehrung ewiger Zinnße, auf einen Wiederkauf, daß ein jeder Gulden mit 25 fl. sollte ablößlich seyn, und solche jährliche 150 fl. der Pröbstin und Priorin zugeeignet. Dargegen haben sich Walburg Volkamerin Pröbstin und Catharina Ludwigin Priorin, samt dem ganzen Conuent verschrieben, mit Willen, Wissen, und Vergünstigung Burgermeister und Raths zu Nürnberg, wie folget:

1. Demnach die drey Obriste Hauptleute, eine Behausung bey ihrem Kloster Pillenreuth bauen lassen und vier Büßerinnen darein verordnet, sollen die Pröbstin und das Conuent, dieselbe, auch die von Ihnen praesentiret werden inskünftige, annehmen, und nach gethaner Profession oder Gehorsam, sie halten als andere Layen-Schwestern.

2. Die Praesentirte sollen zur Prob, ein Jahr lang, die Wahl behalten, ob sie in solchem Büßer-Leben verbleiben wollen oder dasselbige

selbige wieder verlassen? wann sie geschickt dazu befunden werden, sollen sie Profeß thun.

3. Wann eine vor ihrer Profeß sich eines sträflichen Lebens betreten lassen und übel verhalten, und von denen Obrist-Hauptleuten und Convent abgeschaffet würde, so ist erlaubt eine andere an ihre Stelle aufzunehmen, also daß derer Büsserinnen allezeit 4 an der Zahl verbleiben, die mit zeitlicher Nothdurft, Essen, Trinken unterhalten werden müssen, nach des Klosters Gewohnheit.

4. Dem Beicht-Vatter, der diese Büsserinnen, mit guter Lehr unterweiset, soll von dem Convent, alle Quartal, ein Gulden gereichet werden.

5. Wenn von dem Rath die 150 fl. abgelöset würden, wie ihm der Rath, solches zu thun sich vorbehalten, so soll doch das Geld so lang in der Losung-Stuben bleiben, biß es anderer Orten um Gült und Zinß wieder angeleget wird, und die Obriste Hauptleute, dem Kloster am besten und nutzlichsten zu seyn erachten werden; Inmittelst aber sollen dem Convent nichts desto weniger die Zinße bezahlet werden.

6. Wann sie bey dem Kloster diese Büsserinnen, der Gebühr nach nicht unterhalten würden, sollen die Obriste Hauptleute, diese Zinse zu reichen, nicht schuldig seyn, sondern mögen dieselbige an andere Orte verwenden, auch
Macht

Macht haben, die Gebäude dieser Claußen wieder abbrechen zu laſſen. Datum unter der Pröbſtin und Conuents Innſiegel, ♀ nach unſerer Frauen Tag, Wurzweyh genennet.

Anmerkungen. Herrn Konrad Künhofers Lebenslauf hat der fürtreſliche Herr Profeſſor Will, in dem Nürnbergiſchen Gelehrten Lexico, Tom. II. p. 373. und die Diptycha Eccleſiae Laurentianae p. 35. seq. mitgetheilet.

Frauenhauß. In Nürnberg, wurde etlich hundert Jahr lang ein Bordel toleriret. Um der vielen Unordnungen willen, und wegen der böſen Nachrede, welche dem Nürnbergiſchen Frauenzimmer dadurch zugewachſen, muſten endlich a. 1562. Samſtag den 21. Martii auf Befehl des Hochlöblichen Magiſtrats, alle gemeine Weiber, ſamt dem Wirth, das Bordel-Hauß räumen, und noch vor Untergang der Sonnen, aus der Stadt entweichen. Der Gaſſen, in welcher dieſes Hauß geſtanden, iſt biß auf gegenwärtige Zeiten, der Namen Frauengäßlein, verblieben. Die Frauen-Häuſer wurden an manchen Orten denen Feudis beygerechnet. In Buderi amoenitatibus Iuris Feudalis iſt num. XIV. p. 95. seq. eine artige Abhandlung, de Inueſtitura, cum Lucris cellarum Meretriciarum, die Frauenhäuſer genannt, anzutreffen.

Wurzweyh. Das iſt, das Feſt der Himmelfarth Mariä. Siehe Haltauſii Calendarium medii aeui p. 116. seq.

§. 29.

Päpſtliche Erlaubnis bey denen Nürnbergiſchen Klöſtern, ſomit auch bey Pillenreuth, ein Büſſer-Hauß zu bauen.

Sixtus Epiſcopus Servus Servorum Dei, ad perpetuam rei memoriam. ſincere devocionis affectus, quo dilecti filii Magiſtri ciuium proconſules

sules et Consules opidi Nurmbergensis, Bambergensis diocesis, nos et sedem apostolicam prosecuntur, nos inducit, ut votis eorum, quibus presertim Caritatis opera exercentur et honestati ac indigenciis feminei sexus prouidetur, et religionis propagacio procuratur, favorabiliter annuentes hiis libenter adiiciamus ministerii nostri partes, dudum siquidem per nos accepto, quod Sancte Clare, eiusdem sancte, et sancte Catherine sancti augustini sub cura et secundum instituta fratrum predicatorum vivencium intra, et beate marie virginis in Pildenrevvt, eiusdem ordinis sancti augustini, sub cura et secundum instituta Canonicorum regularium dicti sancti augustini per prepositissam soliti gubernari ac Grinlach (Gründlach) Cystercienfis ordinum monasteriorum extra muros opidi Nurmbergensis dicte Bambergensis et Eyftetensis diocef. In Iocis temporali Dominio magistris ciuium et Consulibus opidi Nurmbergensis prefati subiectis constitutorum et que eatenus sub tutela et defensione prefatorum magistrorum ciuium et Consulum esse consueverunt facultates pro recipiendis sororibus et monialibus ad domos et monasteria predicta confluentibus congrue non suppetant facultates, auctoritate apostolica statuimus et ordinavimus, quod de cetero perpetuis futuris temporibus in monasteriis prefatis sorores et moniales recipi non possent, nisi prouti illorum facultates suppeterent, et quod mulieres dicti opidi et indigene dumtaxat et non alie in sorores et moniales domorum et monasteriorum eorundem recipi et admitti deberent,

ac

ac sororibus et monialibus domorum et monasteriorum eorundem in virtute sancte obediencie districte precepimus atque mandavimus, ne aliquam in sororem et monialem domorum et monasteriorum huiusmodi contra decretum statutum et ordinacionem huiusmodi recipere seu in talem admittere presumerent, prout in nostris in de confectis literis plenius continetur, Cum itaque sicut exhibita nobis nuper pro parte dictorum magistrorum ciuium proconsulum et Consulum peticio continebat ipsi zelo deuocionis ducti cupiant prope unum ex dictis monasteriis aliquam domum pro receptione mulierum, que vitam meretriciam et inhonestam duxerint, et ea vita relicta penitere et professionem facere, ac honeste vivere voluerint, cum omnibus necessariis officinis construi et edificari facere ac tam per eos, quam per alios Christi fideles domos prope alia eadem monasteria ad usus prefatos construi posse sperent, pro parte dictorum magistrorum ciuium proconsulum et consulum nobis fuit humiliter supplicatum, ut pro nunc unam et dum eis ac aliis fidelibus prefatis oportunitas et facultas se obtulerit, alias domos prope monasteria prefata construi et edificari facere valeant nec non superioribus et aliis monialibus ac sororibus monasteriorum predictorum dictas mulieres in suis monasteriis ad professionem iuxta illorum instituta regularia, etiamsi tales mulieres de dicto opido oriunde vel indigene non fuerint recipere et admittere ac ipsis mulieribus emendandis ut post professionem huiusmodi per eas emittendam

extra

extra dicta monasteria et in eisdem conſtruendis domibus ſub cura et regimine illorum ſub quibus monasteria ipſa et illorum ſorores et moniales exiſtunt reſpectiue remanere libere et licite valeant, ſtatuere et ordinare ac aliis in premiſſis oportune prouidere, de benignitate apoſtolica dignaremur. Nos, qui cunctarum religionum propagacionem et Chriſti fidelium ſalutem et quietem appetimus huiusmodi ſupplicationibus inclinata, quod dicti magiſtri ciuium proconſules et Conſules unam, et dum eis et aliis fidelibus prefatis, oportunitas et facultas ſe obtulerit alias domos prope ſingula monaſteria prefata conſtrui et edificari, facere valeant, et mulieres ipſas poſtquam in eisdem edificandis domibus annum probationis peregerunt ſuperioribus et aliis monialibus monaſteriorum predictorum dictas mulieres emendandas in ſuis monaſteriis ad profeſſionem iuxta illorum ſtatuta regularia eciam ſi tales mulieres de dicto opido oriunde vel indigene non fuerint, recipere et admittere, ac ipſis mulieribus emendandis, ut poſt profeſſionem huiusmodi per eas emittendam extra dicta monaſteria et in eisdem conſtruendis domibus ſub cura et regimine illorum, ſub quibus monaſteria ipſa et illorum ſorores et moniales exiſtunt reſpectiue perpetuo remanere libere et licite in futurum poſſint, auctoritate apoſtolica, tenore preſencium in perpetuum ſtatuimus pariter et ordinamus. Non obſtantibus conſtitutionibus et ordinacionibus apoſtolicis nec non prioribus voluntate et ordinacionibus huiusmodi ſtatutisque et conſuetudinitudinibus monasteriorum et ordinum predictorum iuramento confirmacione apostolica vel quavis firmitate alia roboratis ceterisque contrariis quibuscunque, Nulli ergo omnino hominum liceat hanc paginam nostrorum statuti et ordinacionis infringere vel ei ausu temerario contraire. Si quis autem hoc attemptare presumpserit indignacionem omnipotentis Dei ac beatorum Petri et Pauli apostolorum eius se noverit incursurum. Datum Rome apud sanctum Petrum anno Incarnacionis Dominice Millesimo quadringentesimo septuagesimo octavo, sexto nonarum Maii (die 2 Maii) pontificatus nostri anno septimo.

Anmerkung. Servus Servorum. Von dieser Benennung des Papstes, hat Joh. Fried. Mayer zu Wittenberg 1685. eine Abhandlung geschrieben, welche den Titul führet: diss. de titulo Pontificis: Servus Servorum.

§. 30.
Die Büsserinnen zu Pillenreuth werden abgeschaft.

Aus dieser Stiftung ist der gehofte Nutzen selten erfolgt. Die Büsserinnen, welche auf einmal von den Leuten abgesondert und verschlossen gehalten wurden, haben sich ungeschickt und ungestümm verhalten, und etliche sind gar in Wahnwitz verfallen. Den Klosterfrauen ist dadurch viel Verdruß zugewachsen, weswegen sie bey denen Herren Obristhauptleuten grosse Klage geführet. Diese und das Convent haben sich endlich dahin miteinander

einander verglichen, daß man die in dem Büſ-
ſerhauß befundene Frauen, mit einer Eheſteuer
abgefertiget, und die Wohnung dem Kloſter
zum Gebrauch überlaſſen. Actum den 12 Iu-
nii 1539.

§. 31.

Papſt Leonis X. Indulgenz-Brief, wel-
chen er Frauen Urſula Löffelholzin, Kloſter-
frauen zu Pillenreuth, und für andre ihre
gute Freundinnen ertheilet.

Beatiſſime Pater, ut animarum ſaluti de-
votorum veſtrorum Vrſule Loffelholzin mulie-
ris ac duodecim perſonarum presbyterorum,
cléricorum et Laicorum utriusque ſexus per
eam ſemel nominandarum (quarum Vero-
nicam prepoſitiſſam monaſterii monialium
in Pillenreut pro quarta, Kunegundin Mul-
nerin, pro quinta, Dorotheam Vegtin pro
undecima, et Eliſabeth Pergnerin pro duode-
cima, perſonis nominavit et nominari voluit,
Reſervatis aliis in transumpt. aliis quomodo-
libet nominatis et nominandis) Aiſtatenſis ſeu
alterius diœceſis Conjugatorumque eorundem
uxorum ac cuiuslibet ipſorum utriusque ſexus li-
berorum ſalubrius conſulatur, ſupplicant humili-
ter ſanctitati veſtre oratores prefati. Quatenus ſi-
bi ſpecialem graciam facientes ut confeſſor ido-
neus ſecularis vel cuiusvis ordinis regularis pres-
byter quem quilibet ipſorum duxerit eligendum,
Ipſos et eorum quemlibet a quibusvis excom-
municationis ſuſpenſionis et interdicti aliisque
eccleſia-

ecclesiasticis sententiis, censuris et penis a iure vel ab homine quavis occasione vel causa latis, Ac votorum quorumcunque et ecclesie mandatorum transgressionibus periuriorum et homicidii casualis vel mentalis reatibus, manuum violentarum in quasvis etiam ecclesiasticas personas, non tamen Prelatos, de preterito Iniectionibus, jejuniorum, horarumque Canonicarum et aliorum diuinorum officiorum penitenciarumque iniunctarum in toto vel in parte omissionibus omnibus et singulis aliis eorum peccatis criminibus excessibus et delictis quantumcunque gravibus et enormibus, de quibus corde contriti et ore confessi fuerint, Etiam si talia forent, propter que sedes apostolica merito foret consulenda, De reservatis exceptis in Bulla cene Domini contentis semel in vita et in mortis articulo, De aliis vero casibus, eidem sedi non reservatis, totiens quotiens opus fuerit absoluere et penitenciam salutarem iniungere, vota vero quecunque Vltramarina visitationis liminum Apostolorum Petri et Pauli de urbe atque Iacobi in Compostella, nec non Religionis ac castitatis votis duntaxat exceptis in alia pietatis opera commutare et iuramenta quecunque sine iuris alieni preiudicio relaxare, Ac semel in vita et in mortis articulo plenariam omnium peccatorum suorum remissionem et absolutionem auctoritate apostolica impendere valeat: Liceatque cuilibet oratorum Nobili aut graduato vel presbytero Altare portatile cum debitis reuerentia et honore super quo in locis ad id congruentibus et honestis etiam non sacris etiam

iam auctoritate ordinaria interdictis dummodo causam non dederint huiusmodi interdicto etiam antequam elucescat dies circa tamen diurnam lucem in sua ac familiarium suorum domesticorum presencia Missas et alia diuina officia celebrari facere ac per se, qui presbyteri fuerint celebrare illisque interesse, Ac Eucharistiam et alia sacramenta Ecclesiastica sine rectorum preiudicio et preterquam in paschate ubicunque recipere, Et corpora eorundem inibi decedentium ecclesiastice tradi possint sepulture, Absque tamen funerali pompa, Preterea unam vel duas ecclesias aut duo, vel tria altaria Quadragesimalibus aliisque diebus Stationum urbis ubilibet visitando tot et similes indulgentias et peccatorum remissiones consequantur, quas consequerentur, si singulis diebus eisdem singulas dicte Vrbis et extra eam ecclesias propter stationes huiusmodi visitari solitas personaliter visitarent. Quodque eisdem ac aliis prohibitis diebus Ouis Butiro Caseo et aliis lacticiniis ac carnibus, de utriusque medici consilio uti vesci et frui absque conscientie scrupulo. Ceterum ut singule oratrices prefate, una cum aliis quatuor honestis mulieribus quater in anno quecunque monasteria monialium cuiusvis, etiam sancte Clare ordinis, de inibi presidentium licentia ingredi et dummodo ibidem non pernoctent cum eisdem monialibus conuersari possint concedere et indulgere dignemini de gratia speciali non obstantibus Constitutionibus et ordinationibus apostolicis et Cancellarie apostolice regulis ceterisque contrariis quibuscunque,

Et

Et de refervatis femel in vita et in mortis articulo premiſſis exceptis.

Et de non refervatis caſibus huiuſmodi, totiens quotiens opus fuerit.

Et de commutatione votorum, et relaxatione Iuramentorum ut ſupra.

Et de plenaria remiſſione femel in vita et in mortis articulo ut ſupra.

Et de altari portatili cum clauſulis et in locis ante dictis.

Et de diuinis intereſſendo ſacramenta recipiendo et ſepeliendo ut ſupra.

Et de indulgentiis ſtationum predictarum viſitando ut ſupra.

Et de Eſu carnium, Ovorum, Caſei, Butiri et aliorum lacticiniorum ut ſupra.

Et de ingreſſu monaſteriorum predictorum viſitando ut ſupra.

Et cum derogatione Regularum ante dictarum ita ut non obſtent.

Et quod preſencium tranſumptis manu notarii publici ſubſcriptis et ſigillo alicuius prelati aut perſone in dignitate eccleſiaſtica conſtitute munitis, fides ubique detur et ſeparatim pro quolibet omiſſis aliis fieri poſſint,

Et quod preſens indultum duret ad vitam cuiuslibet oratorum,

Et

Et quod prefentis fupplicationis fola ubique fignatura fufficiat.

Conceffum ut petitur in prefentia Domini noftri pape

A. de Burgis.   Petrus Cardinalis S. Eufebii.
   Henr. de Buffeno.
   Ioh. Copis corrector.

Nos Wolfgangus permiffione diuina Abbas monafterii fancti Egydii Nurmbergae ordinis fancti Benedicti Bambergen. dioecefis, univerfis et fingulis prefens publicum tranfumptum infpecturis lecturis feu legi audituris falutem in domino fempiternam. Notum facimus per prefentes quod literas originales Confeffionalis quarum copia preinferitur cum ifta claufula (et quod prefentium tranfumptis etc.) vidimus, tenuimus et diligenter infpeximus Illafque de manu Reverendiffimi in Chrifto patris et Domini Domini Petri tituli fancti Eufebii presbyteri Cardinalis, in prefentia domini noftri pape fignatas reperimus. Idcirco fuimus pro parte Venerabilis Domine Veronice prepofitiffe in pillenreut ac Kunegundis Mullnerin, Dorothee Vogtin et Elifabeth Pergnerin fororum eiusdem monafterii profeffarum per prefatam Vrfulam Löffelholzin principalem nominatricem nominatarum debita cum inftantia requifiti. Easdem tranfumi et in hanc publicam formam redigi mandavimus nominaque oratricum iuxta vim pretacte claufule

inferuiinseruimus. Decernentes insuper prout idem Dominus noster Papa decreuit huic publico transumpto talem et tantam fidem fore adhibendam, qualis et quanta dictis literis originalibus adhiberetur, si in medium producerentur. In quorum fidem presentes literas fieri et per Notarium publicum infra subscribi curavimus, sigillique nostri iussimus appensione communiri. Datum et actum Nurmberge in domo Abbaciali nostre solite residentie, sub anno a Natiuitate Domini Millesimo quingentesimo decimo quinto Indictione tertia pontificatus sanctissimi in Christo patris et Domini nostri Domini Leonis diuina prouidentia pape decimi, anno eius tertio, die vero Martis vicesima quarta mensis Iulii, presentibus ibidem honorabilibus et discretis viris Iacobo Weilhamer de Wilpaden, et Leonhardo Engelschalk de augusta clericorum spirens. et augustens. diocesium testibus ad premissa vocatis et rogatis

Iohannes im gartten Notarius subscripsit.

Anmerckungen. Dieser vidimirte Indulgenz-Brief, war mit schönen Figuren bemahlet. Die Worte beatissime Pater sind groß und mit Gold geschrieben gewesen. In dem B. war das Bildnus Petri zu sehen. Nach dem Wort beatissime, præsentirte sich das Schweiß-Tuch der Veronica und in demselben das Angesicht des Salvatoris ganz schwarz. Zur Seite des Worts Pater ist des Papstes sein Stamm-Wappen, das Mediceische, angebracht gewesen. Nach dem Schluß der Schrift, über den ganzen Pergamentenen Briefhin, sahe man ein grünendes Terrain, auf welchem die Veronica, Kunigunda, Dorothea

thea und Elisabetha gestanden. Vor jeder dieser heiligen Frauen kniete eine Nonne, mit gefaltenen Händen, in weiß gekleydet und in dem schwarzen Haupt-Schleyer verhüllet. Die Kloster-Frau, welche vor der Elisabetha, in der Augustinerinnen Kleydung auf denen Knien lag, hatte nur einen weissen Kopf-Schleyer, über der Kutten ein schwarzes scapulare, welches mit einem dergleichen cingulo, um den Leib zusammen gehalten wurde. Scheinet der concipient habe auf die Namen, der in dem Indulgenz-Brief benennten 4. Klosterfrauen alludiren wollen.

Siegel, abhangendes des Abts, ist in einer gelben Capsel, auf rothem Wachs aufgedruckt gewesen.

Ursula Löffelhölzin. Sie ist a. 1494, als eine postuma geboren. Ihr Herr Vatter war, Hanns Löffelholz, die Frau Mutter, Ursula, eine geborne Schlüsselfelderin.

§. 32.
Ein Evangelischer Priester wird nach Pillenreuth verordnet.

Als sich die Reformation in dem Nürnbergischen Gebiete angefangen, so sorgte Ein Hochedler Rath der Stadt Nürnberg, daß auch die Klosterfrauen zu Pillenreuth, mit einem geschickten Priester möchten versehen werden, damit sie durch dessen Unterricht aus GOttes Wort, zu Erkänntnis ihres Heyls gebracht würden. Daß dieser Priester seine subsistenz hätte, handelte der Rath mit denen Hornischen-Geschäfts Vormündern, der st. Annen-Capelle, demselben Priester, jährlich 20 fl. Aufhebens zu verordnen, Actum, 5 Martii A. 1522. Hierzu wolten sich die Hornischen testaments-executores, sonder consens ihres ordinarii,

narii, anfänglich gar nicht verstehen. Nachdem man Ihnen aber die Versicherung gegeben, man wolte sie vertretten, wann sie deswegen jemand belangen thäte, zu dem auch Herr Johann Honers, vicarius der st. Annen-Capelle, den 8 Martii besagten Jahrs, dieses Ansinnen bewilliget, so wurden die begehrte 20 fl. zu Unterhaltung des Priesters, von denen Hornischen testaments-executoribus williglich angelanget.

§. 33.
Priester sollen nach Eichstädt præsentirt werden.

Bischof Gabriel zu Eichstädt, will keine Evangelische Prediger in Pillenreuth einführen lassen. Er meldet deswegen in einem Schreiben, an den Rath zu Nürnberg, wie er vernommen, daß man von Nürnberg, statt des verstorbenen Beichtvatters, einen andern Priester nach Pillenreuth gesetzet, so der lutherischen Lehr verdächtig sey. Er begehre, daß ihm solcher præsentirt würde, denn ihm gebühre seines bischöflichen Amts wegen Einsehen zu haben. Denn obwohln er dem Rath die weltliche Obrigkeit über das Kloster zugestehe, so gehöre doch ihme die geistliche Iurisdiction zu, daran solte man ihn, vermög bündischer Ordnung, nicht turbiren; er werde sich sonsten seines bischöflichen Amtes gebrauchen, wolte sich auch zur neuen Lehre nicht bringen lassen, er werde dann von einem gemeinen Concilio anders angewiesen. Datum Mitwoch nach dem Palmtag a. 1525.

§. 34.

§. 34.

Die Nonnen retiriren sich im Bauren-Krieg nach Nürnberg.

Als in Franken wegen der tumultuirenden Bauren, alles unsicher wurde, so hatte Ein Hochedler Rath zu Nürnberg, zween aus ihrem Collegio, nemlich Herrn Martin Geuder und Herrn Christof Kohler nach Pillenreuth geschicket, mit denen dasigen Klosterfrauen, wegen der nöthigen Sicherheit zu handeln. Man gab ihnen zu bedenken, wie man bey diesen unruhigen und gefährlichen Zeiten, den Convent nicht wüste zu schützen. Darum, ihr Leib, Ehr und Gut zu retten, sey Eines Hochedlen Raths Gutdünken, sich in die Stadt zu verfügen, das Kloster samt derselben Gütern und armen Leuten möchten sie ihrem Pfleger zur Verwaltung überlassen, denn wolte E. H. E. Rath ihnen ziemlichen Unterhalt verschaffen, und nirgend in einer Sache Mangel leyden lassen. Wolten aber einige zu ihren Freunden, oder anderswohin ziehen, die würden dazu die Vergünstigung erlangen, und ihnen noch darzu ein gutes Leibgeding nachfolgen. Actum den 10. Maii 1525. Die besorgliche Noth und die Erwägung, daß die Ordensleute, von denen unruhigen Bauren, schon manche Schmach erfahren musten, hat die Pillenreuthischen Klosterfrauen nach Nürnberg getrieben. Sie fanden bey denen Clarisserinnen ihren Aufenthalt, und alles, was sie zu ihrem Unterhalt bedürftig gewesen.

§. 35.

§. 35.
Die Pillenreuther Klosterfrauen sollen ihre Ordens-Kleyder ablegen.

Gleich nach der Ankunft in dem Kloster zu st. Clara, gab man denen Pillenreuthischen Nonnen Unterweisung, wofür sie ihr äusserliches Wesen achten und halten solten. Dieweil sonderlich ihre Kleydung Auffsehen machte und vielen ärgerlich schiene, so wäre der Obrigkeit ihre Meynung diese, daß sie die Ordens-Kleyder innerhalb einer Wochen ablegen, und sich andern Burgers-Töchtern ähnlich kleyden, zur Predig gehen, GOttes Wort hören, und dessen Unterricht annehmen möchten. Hiernächst geschahe nochmalen dieser Vorschlag: welche Chorfrau, sich zu ihren Freunden zu begeben, geneigt sey, der wolte man ein jährliches Gehalt abfolgen lassen, damit sie redlich und ehrlich leben könnten. Wären andere gesonnen, eine Heyrath zu treffen, denen wolte man nebst einer ziemlichen Abfertigung, auch das wieder zuruck geben, was sie mit ins Kloster gebracht hätten. *Actum* Erichtag nach dem Pfingstag a. 1525.

Anmerkung. Erichtag nach dem Pfingstag. Das ist der 6te Junius.

§. 36.
Die Pillenreuther Klosterfrauen, nehmen diesen Vorschlag nicht an, sondern verlangen wieder in ihr Kloster zu wandern.

Alle Vorstellungen mochten bey den Pillenreuther Klosterfrauen, welche sich bey st. Clara in der Retirade befanden, nichts ausrichten. Die Priorin samt den übrigen Conventsschwestern, sind einmal nach dem andern, bey dem Hochlöblichen Rath der Stadt Nürnberg supplicando eingekommen, ihnen den Abzug in ihr Kloster zu gestatten, und dazu behülflich zu werden. Man hat daher bey E. Hochedeln Rath für gut angesehen, denen Nonnen Bescheid zu ertheilen, daß man sie nicht mit Gewalt von ihren Gütern zu dringen begehre, sondern ziehen lassen wolte. Hierauf wurde der Priorin das Regiment über alle Klöster- und Kyrchen-Güter zugestellet, und sie, mit ihren Convent-Frauen wieder nach Pillenreuth geliefert Das Conclusum von diesem zugestandenen Abzug ist a. 1525. d. 28. Iunii verabfasset worden.

§. 37.
Die Klosterfrauen werden examiniret.

Kaum waren die Pillenreuther Klosterfrauen in ihrer Clausen wieder eingezogen, so hatte ihnen der Bischof zu Eichstädt, als ordinarius, hinwieder einen Beichtvatter zugeschicket, welcher nach altem Gebrauch, den Gottesdienst hielte und die Sacramenta verwaltete. Jezuweilen liessen sie auch einen Meßpfaffen, aus dem Neuen Spital in Nürnberg, von Schwobach oder andern Orten, abhohlen, den Gottesdienst zu verrichten. Bey einem solchen hartnäckigen Bezeigen vermochte der Evangelische Priester nichts auszurichten. Es hat deswegen Ein Hochlöblicher Rath zu Nürnberg, a. 1526. im Ianuario zween ihrer Raths-Freunde

Freunde Hn. Leo Schürstab und Hn. Christof
Kohler nach Pillenreuth geschicket, alle Klo-
sterfrauen, Layenschwestern und Klostergesind,
jede Person sonderlich, über 15 Fragstücke zu ver-
nehmen. Die Klosterfrauen wolten aber nicht
antworten, sondern sagten, wie sie wegen der
strittigen Lehr, sich nirgend über eine Aende-
rung einlaßen könnten. Was ein allgemeines
Concilium ihnen, nach Erörterung der Irrun-
gen, gebieten würde, das wolten sie befolgen.
Man solte sie nicht irren.

§. 38.
Ein Evangelischer Priester wird aber-
mal nach Pillenreuth geschicket.

Der Evangelische Priester, wider welchen
der Bischof zu Eichstädt §. 33. protestirte, wur-
de auf Gutachten Herrn Andreä Osianders und
Herrn D. Wenzel Linkens, von Pillenreuth
abgefordert und zu einer andern Pfründ bestel-
let. Hingegen Meister Otto, der bey Rath,
für einen gelehrten und bescheidenen Mann ist
angesehen worden, nach dem Kloster verordnet,
und ihm dabey befohlen, mit denen armen un-
berichteten Nonnen und ihrem Gesinde auf das
glimpflichste umzugehen, und sie alle treulich zu
unterrichten. Actum d. 20 Febr. 1526. Die-
ser M. Otto Körber kunte nicht länger bleiben,
dann biß zu Anfang des Novembris, weil ihm
von denen Klosterfrauen und ihrem Gesinde viele
Verdrüßlichkeiten gemacht wurden. Diesem
ungeachtet ließ sie der Rath nicht ohne Evan-
gelischen Prediger, sondern schickten den 26 No-
vembris

vembris 1526. Carl Oertel, Gerichtschreiber, nach Pillenreuth, der ihnen einen Priester, Christof Schreiber genennet, præsentiren muste, mit dem Anfügen, daß dieser Befehl hätte, nichts anders zu predigen, als das heilige Evangelium und was er, mit dem Wort GOttes bewähren könnte. Die Pröbstin mit dem Convent haben sich, auf den Bischof zu Eichstädt beruffen, welcher ihnen bey den Pflichten des Gehorsams gebotten, nichts Neues anzunehmen, sondern vielmehr alle alte Gebräuche beyzubehalten. So wäre ihnen auch bedenklich, einen Prediger bey sich zu haben, der Weib und Kinder hätte, stünde nicht in ihrem Vermögen, denselben zu unterhalten. Wolte man ihnen einen unbeweibten Priester schicken, so könnten sie denselben wohl hören, aber nicht bey ihm beichten, noch weniger das Sacrament, von demselben, sich reichen lassen. A. 1536 den 1 Februarii erließ der vicarius zu Eichstädt, ein Schreiben an die Klosterfrauen, in welchem er, bey Pön der excommunication verbotten, in Kyrchengebräuchen, Sacramenten und andern Dingen, nach der Lehr der neuen Prediger, ohne sonderbare Verwilligung des Bischofs zu Eichstädt, nichts zu verändern. Und in einem andern missiv, de dato 26. Sept. 1536. hat er dem Convent erlaubet, weil sie wegen der einreissenden Lehr-Veränderung, keinen katholischen Priester bey sich haben dürften, so könten sie von andern Orten her, einen Priester rufen lassen, welchem er Gewalt geben wolte, sie, in geistlichen Sachen, nach Nothdurft zu versehen. Indessen ist bey dem wider-

widerspenstigen Bezeigen der Pillenreuther Nonnen, eine geraume Zeit verflossen, daß kein Evangelischer Priester zu ihnen gekommen ist. Weil wegen des Unterhalts, der meiste Anstoß sich hervorgethan, so hat ein Hochedler Rath zu Nürnberg A. 1537. den 17. Septembris beschlossen, den Herrn Blasius Stöckel, gewesenen Prior der Carthäuser, als einen Prediger nach Pillenreuth anzunehmen und zu besolden. Auch dieser gab sich grosse Mühe, die Nonnen zu unterrichten, doch wolte alles nichts fruchten. Er kam deswegen bey Rath, mit einer Klagschrift ein, und zeigte an, wie die Conventfrauen nicht allein, selbs nicht zur Predig kämen, sondern auch ihr Hof-Gesind, so dasselbige zu Zeiten dabey war, davon abrufen liessen, und an denen Feyertägen würden die Thore gesperret, damit niemand aus denen naheliegenden Dorfschaften hinein kommen könte. Er bezeuget in diesem Klaglibell, wie es ihm ganz beschwerlich, und er es Gewissens halber nicht länger gedulten könnte, daß man das Wort GOttes also verächtlich halten solte. Am Ende bittet er, des Predigens ihn, dieses Orts zu entheben, weil es sonder Frucht bleibe. Hierauf muste sich der Kloster-Pfleger Herr Leonhard Tucher, nach Pillenreuth verfügen, und denen Nonnen, ihren Muthwillen scharf verheben, sie vermahnen, solche Predigen, nicht zu verachten, das Gesind an dem Besuch des Gottesdienstes nicht zu hindern, das Thor offen zu lassen, damit jederman hinein gehen und den Predigen beywohnen könnte, Actum d. 23. Maii 1538. Die Pröbstin, Priorin und ganzes Convent,

vent, suchten sich, mit weitläuftigen Reden zu entschuldigen. Sie belegten dazu Hrn. Blasium Stöckel noch mit mancherley Beschuldigungen, und baten, sie mit Frieden zu lassen, sie wolten ihrer Religion und keiner andern abwarten. Man wurde hierauf bey Rath schlüssig, ihnen, den hierüber geschöpften Unwillen, anzuzeigen, Hrn. Blasius aber ließ man ersuchen, noch länger das Beste zu thun, ob etwan GOtt eine gnadenreiche Stund verleyhen möchte, daß Besserung erfolgte. Würde die Güte bey denen Klosterfrauen nichts helfen, alsdann möchte er es wieder anbringen, so wolte man ihm Hülfe schaffen. Actum die 20 Iunii a. 1538. Folgende Jahr sind selten Evangelische Prediger in Pillenreuth verblieben. Bischof Moriz zu Eichstädt hat a. 1550. den 30 Sept. nach Nürnberg geschrieben, wie er in der gehaltenen Kyrchenvisitation seines Bißthums gefunden, wie das Convent zu Pillenreuth, zu Verrichtung des Gottesdienstes, mit keinem Catholischen Priester versehen wäre. Er hätte deswegen denen Klosterfrauen geschaft, sich, mit einem Catholischen Priester zu verstehen, daß er bey ihnen, alle Dienste verrichtete. Weilen aber dabey Anzeige geschehen, die Caplaney des Gotteshauses, wäre verarmet, so verlange er, die jährlichen 20 fl. von dem Hornischen Geschäfte wieder zu reichen. Die Antwort war kurz: würde für beständig, ein Evangelischer Priester in Pillenreuth geduldet, so bekäme er diese 20. fl. und noch ein mehrers zu seiner Unterhaltung.

§. 39.

§. 39.
Das Kloster Pillenreuth wird geplündert und abgebrannt.

Als A. 1552. Marggraf Albrecht die Stadt Nürnberg belagerte, sind die Kloster-Frauen zu Pillenreuth nach Nürnberg geflüchtet. Das Märkische Kriegs-Volk hat den 15 Maii, Dominica Cantate, das Closter geplündert und angezündet. Was die Flamme übrig gelassen, wurde 8 Tag hernach, <g> den 24 Maii abermals mit Feuer angestecket, und in die Asche geleget.

§. 40.
Die Kloster-Frauen, wollen das Kloster wieder aufbauen, welches aber nicht zugestanden wird.

Weil es den Pillenreuthischen Kloster-Frauen in Nürnberg gar nicht gefallen wollte, so sind sie bald nach des Klosters Abbrennen, bey Rath bitlich eingekommen, ihnen zu Wiederherstellung ihrer Clausen, das benöthigte Bauholz anweisen zu lassen. Die Antwort ist dahin ertheilet worden: das Kloster hätte selbst aigene Hölzer, aus denen das nothdürftige Bau-Holz könnte gefället werden. Der Rath wüste denen verbrennten Leuten, nicht allen genug Zimmer-Holz zu geben. Zu geschweigen, wie gar wohl bekannt sey, daß in ihrem Stadel viel vorräthig Holz aufbehalten sey. Diesen sollten sie ausräumen und einen Tennen zum Dreschen darein schlagen lassen. Actum die 28 Aug. 1552. Doch auf Fürbitte ihres Pflegers Herrn Leonhard Tuchers, ist ihnen Holz zu zu einem Stadel und 60. Stämme zu Bedachung des Creuzgangs, bewilliget worden. Ao. 1559. sehneten sich die Kloster-Frauen abermahlen sehr starck, ihre Klausen wieder herzustellen. Ihr Vorhaben suchte man zu hintertreiben, durch den Vorwand, die Zeiten wären noch zu gefährlich, mithin nicht rathsam, sie in unvermeidliche Gefahr zu liefern. Actum 2 Aug. 1559. Wie die Nonnen sahen, daß sie nichts ausrichten kunten, so ließen sie ihre Angelegenheiten, von dem Bischof zu Eichstädt betreiben. Dieser ließ a. 1571. den 14. Febr. durch seine Gesandten bey dem Rath zu Nürnberg anbringen, man möchte doch denen Pillenreuther Kloster-Frauen vergönnen, ihr Kloster wieder herzustellen. Würde aber dieses dem Rath nicht gefällig seyn, so hätten seine Fürstliche Gnaden, ein ander eingegangenes Frauen-Kloster zu Marienburg, welches sie wieder zu besetzen, gesinnet wären. Seiner Fürstlichen Gnaden Meynung sey diese, daß die Frauen von Pillenreuth, so gleiches Ordens wären, dahin sollten aufgenommen werden. Dieweil aber dieß Kloster Marienburg ein gering Einkommen hätte, wollten seine Fürstliche Gnaden, gerne diese Wege finden, daß von dem Einkommen des Klosters Pillenreuth, etwas zu solcher Unterhaltung abgegeben würde. Die Antwort wurde hierauf dahin ertheilet, wie E. H. E. Rath sehr bedenklich sey, die Pillenreuther Kloster-Frauen dahin zu transferiren, dann sie den besten Unterhalt, bey denen Kloster-Frauen zu st. Clara gefunden hätten, und wohlgehalten würden, dazu geschehe ihnen

wegen

wegen der Religion kein Eintrag. Sie wären ja in einer verschlossenen Stadt sicherer, als in einem offenen Marienburg. Stürben die wenigen Kloster=Frauen bey st. Clara ab, hätten sie dasselbige allein zum Besten.

§. 41.
Uebergab des Klosters an den Rath zu Nürnberg.

So sehr sich die Pillenreuther Kloster=Frauen gesehnet, wieder nach Pillenreuth zu kommen, so wenig kunten sie dieses erlangen. Sie musten sich nach vielen Unterhandlungen dennoch zur Uebergab bequemen. Den Anfang darzu machte man mit Entlassung ihres Hofmeisters, den sie noch immerzu in Pillenreuth gehalten. Wegen seiner Abfertigung hat Frau Agatha Steurerin a. 1581 m. Februario, folgendes Schreiben, an Herrn Balthasar Dörrer, ihres Conuents Pflegern, abgehen lassen.

Euer fürsichtigen Weisheit, ist ohne Zweifel wol wissend, daß mein und meiner Mit-Schwestern Vorvordern, die Ehrwürdigen Frauen, Magdalena Schürstabin und Magdalena Füetterin, beyde seliger Gedächtnus, gewesenen Schafnerinnen des verbrennten Closters Pillenreuth, unsern getreuen Hofmeister Hannßen Halden und seiner ehelichen Frauen, von wegen ihrer beyder treuen Dienst, die sie nunmehr, über 20 Jahr, bey uns geleistet, verheissen und zugesagt, nemlich das Aichen-Löhlein genannt, welches uns nicht den wenigsten Nutzen gebracht, und durchaus desselben nie genossen haben, drey Kühe, so er von den seinen

nen aufgezogen, die Zeit her uns den Nutzen davon gelaſſen, auch ein Pferd, doch nicht das Beſte, auch nicht das Böſeſt, Zehen Gulden, zwey Schwein und zehen Hennen. Solcher Vergünſtigung, Zuſagung und Verheiſſung vorgedachter Ehrwürdigen Frauen, hab ich Agatha Steurerin, der Zeit Schafnerin, mit ſamt meinen Mitſchweſtern gütlich, wegen ihrer beyder obgedachten treuen Dienſt, dazu verwilliget. Gelanget demnach an Ew. Herrlichkeit unſer unterthäniges und hochfleißiges Bitten, ob Gott der Herr, lang oder kurz (wie wir dann alle ſterblich ſeyn) nach ſeinem götlichen Wohlgefallen über uns würde gebieten, daß E. F. W. ſolche Verheiſſung, dem Hofmaiſter Hannß Haiden und ſeiner Hauß-Frauen, mit aller Zugehörung, gnädiglich wolle wiederfahren und verfolgen laſſen. Wie wir uns dann ſolches gegen E. F. W. gänzlich verſehen und verhoffentlich keinen Zweifel darein ſtellen wollen, und deſſen zu mehrerer Urkund, hab ich dieſes mit unſers Kloſters Pillenreuth Inſiegel bekräftiget, Actum d. 2 Febr. 1581. in Nürnberg.

Dieſe Steurerin und andere Conventualinnen ſind endlich, nach und nach abgeſtorben. Jungfer Magdalena Burkhardin iſt die letzte Pillenreuther Kloſter-Frau geweſen, welche a. 1591 den 14. Decembris in dem Claren-Kloſter zu Nürnberg verſchieden. Nun war noch eine Servitial- und Layen-Schweſter mit Namen Eliſabetha Nentzenhöferin übrig, dieſe hat wegen des hohen Alters, den Hof zu Pillenreuth der bisher unvererbt geweſen, nebſt allen Mannſchaften, Gülten, Zinn-

Zinnßen und Gefällen, so dem Kloster zuständig gewesen, an den Rath abgetretten. Ihr aber wurde järlich ein beträchtliches Deputat an Geld, an Getraid, und allem was zu ihrem Unterhalt erforderlich seyn möchte, angewiesen. Sie ist endlich a. 1596. mit Tod abgegangen.

§. 42.
Der Bauren-Hof zu Pillenreuth wird verkauft.

Schon anno 1525 den 21 Octobr. haben die Pillenreuthische Kloster-Frauen, zween Höfe mit Consens, eines HochEdlen Raths verkauffet; einer wurde an Herrn Christoph Kreß, der andere aber an Herrn Sixt Oelhafen überlassen. Wenn nun a. 1591 mit Jungfer Margaretha Burkhartin, die ganze Kloster-Versammlung abgestorben, und die einzige verlebte Nentzenhöferin, als eine Layen-Schwester alles an den Rath übergewiesen, was dem Kloster zuständig gewesen, so beschloß derselbe, a. 1592 den 21 Ianuarii, den Bauren-Hof mit Vorbehaltung der Eigenherrschaft und einer billigen Gült, nicht in Burgers Hände, sondern einem Bauern zu vererben. Dieser Hof, welcher des Herrn Conrad Großens Eigenthum eheiln gewesen, §. 5. bestund aus einem ganzen Hub, zu welchem mehr als 40 Aecker, grosser Holzwachs und schöne Wißmathen gehörten. Cunz Lämmermann von Schweinau erkaufte diesen Pillenreuthischen Bauren-Hof in dem bemeldeten 1592sten Jahr um 3300 Gulden. A. 1604 den 20ten Febr. hat

hat man dem Hannßen Lämmermann zugelaſſen, ſeinen Hof zu Pillenreuth an Johann Georg Gewandſchneider in Nürnberg zu verkauffen, doch ſo, daß der Hof in der Bauern-Steuer verbleibe, der Beſtändner der Eigenherrſchafft Pflicht leiſte, und wann er dann wieder verkauft würde, man ſolchen in Bauers-Hände wollte kommen laſſen. Als dieſer Hannß Georg Gewandſchneider, bey dem Kloſter, ſich mehrerer Freyheit angemaſſet, als ihm zugekommen, viele Gebäude aufführen und von dem Kloſter, mehrere Zimmer einnehmen wollte, iſt ihm Einhalt geſchehen und das Kloſter verſperret worden, dann, ihm allein der Keller und das Schlafhauß zu gebrauchen gegönnet geweſen. Der Rath hat auch gemainer Stadt Wappen, ans Kloſter mahlen laſſen. Actum den 2 Oct. 1607 den 16ten Auguſti. Von denen Gewandſchneideriſchen Erben, hat Hannß Buchner, Kandelgieſſer, den Hof an ſich gekaufet. Bey gegenwärtigen Zeiten iſt der Hof wieder an einen Bauersmann veterbet.

§. 43.
Vermiſchte Nachrichten von dem Kloſter Pillenreuth.

Erzählung von der Stiftung des Kloſters Pillenreuth aus Nicolai Burgundi Hiſt. Bauaricae Lib. III. ad annum 1340. Quinque habebat (Imperator) nobiles virgines in Gynæceo, quas flagrantiſſima pietas incolendae ſolitudinis amorem ſubiecerat. Itaque apud illum inſtitere precibus, exiguam ſibi aream in Norimbergenſi ſaltu concedi, ut ſub vili tecto pudicitiam concrederent.
Collau-

Collaudato eorum proposito Cæsar monstrari sibi locum, quem delegissent, iussit. Quo cum peruenisset iisdem deducentibus, ipse situs, sacerque horror et in alto silentio inculta solitudo, animum eius suauissimo statim terrore percussit. Et cum placere sibi diceret loci genium, negotium dat artificibus, qui magnitudinem areae circumscriberent. In ambitu eius annosa stabat quercus, quae ignotarum auium dulcissimo cantu audiebatur perstrepere. Ergo desiderio lustrandi tractus, quae istae uolucres, et unde tam suauis modulatio auribus insolita, sustulit oculos in arborem, nullisque uisis auiculis, notauit ibi culmini impendere crucis signum. Ergo in genua subsidens, erumpentibus prae gaudio lachrimis, gratias coelitibus egit, quod coeptis suis tam propitia commodassent auspicia. Correpta mox falce, primus quercum caedere coepit, deinde Monasterium aedificare iussit, cui Püldenreütum est nomen. Sumtus, quos ipse contribuit, Norimbergensium optimates postea cumulauere.

A. 1450. an St. Georgen Abend ist bey denen Pillenreuthischen Kloster-Weyhern zwischen Marggraf Albrecht und der Stadt Nürnberg, eine merkwürdige Schlacht vorgefallen. Siehe davon Historische Nachricht von Nürnberg, p. 441. Falkensteins Nürnbergische Chronic. p. 614.

Des Waldrechts haben sich die Kloster-Frauen, zum Schaden des Waldes vielfältig mißbraucht, und anderer Orten das Holz zu Markt geführt. Nach gütiger Behandlung haben

ben sie sich der Freyheit der ersten Stiftung verziehen. Sie ließen hernach ihr Holz fällen, wo sie von dem Amtmann des Waldes angewiesen worden. Hatten ihre Knechte die Ordnung überschritten, so musten sie nach Nürnberg in das Loch-Gefängnis wandern. Actum 1458.

A. 1462. wurden denen Kloster-Frauen, diejenigen Briefschaften wieder behändiget, welche sie eine Zeitlang bey einem Wohllöblichen Rath deponirt hatten. Und die, so sie versetzet haben, wieder eingelöset.

A. 1463. wurden dem Kloster, 300 fl. gestehen, damit zu Rom ein exempt auszubringen.

A. 1476. wurden alle zum Kloster gehörige Weyher, samt der Fischstube bey St. Catharina-Kloster zu Nürnberg, an Peter Volckamer und Niclas Glockengieser, auf 12 Jahr, bestandsweiß, hingelassen, jedes Jahr um 150 fl. und denen Kloster-Frauen zu Pillenreuth jährlich davon für Fasten-Fisch zu geben 5 fl, oder so viel an Werth.

A. 1486. ☉ nach Ascensionis haben die Kloster-Frauen zu Unzenhofen, Constanzer Bistums, die Frauen zu Pillenreuth, in ihre Brüderschafft aufgenommen.

A. 1486. den 31 Martii gibt Papst Innocentius VIII. die Freyheit, daß neben denen Nürnbergischen Burgers-Töchtern, auch andere Weibs-Personen, die nicht zu Nürnberg geboren sind, dürften in dieses Kloster eingenommen werden, weil die gebohrnen Burgerinnen
gewön-

gewönlich so zartes Leibes, daß sie keiner Arbeit vorstehen könnten.

A. 1489. hat man Bauholz denen Klosterfrauen verwilliget;

A. 1492. krumme Aichen zu Fenster-Rahmen, und Röhren zu dem Brunnen, welcher aus dem Wald hinein geleitet wird, alles um einen geringen Anschlag, wie 1486.

A. 1504. als sich die Klosterfrauen, wegen des bayrischen Kriegs nach Nürnberg in Sicherheit begeben, ist ihnen erlaubt worden, Wein und Bier einzulegen. So haben sie auch die Freyheit erlanget, zwey Vaß Bier auszuschenken, doch mit Entrichtung des Umgeldes.

A. 1525. wurde Erichtag nach Remigii (den 3. October) Cunz Wagner, Hofmaister, zum Richter erwählet, seine Schöpfen sind gewesen: 1. Cunz Sigmund. 2. Jorg Aman. 3. Leonhard Amann. 4. Hannß Hiell. 5. Hannß Mell. 6. Cunz Maier. 7. Hannß Vollat. 8. Hannß Schmidt. 9. Hannß Trost. 10. Niclaus Bauer. 11. Hannß Gröner. 12. N. Wegner, Wirth zum Schwarzenlohe.

A. 1526. als die Klosterfrauen angehalten, bey ihren Unterthanen zu verschaffen, daß sie ihnen, den kleinen Zehenden entrichteten, hat ihnen der Rath sagen lassen, sie möchten wol den Zehenden einfordern, und von denen annehmen, welche solchen willig geben würden, aber aus guten Ursachen wolte der Rath die Bau-
ren

ren dermalen nicht betreiben. Actum d. 27. Decembris.

A. 1528. d. 27. Decembris hat man oberherrlich anbefohlener Maſſen, denen Nonnen kund gemacht, daß ſie vor zweyen Deputatis, die Rechnung von ihrer œconomie, ablegen ſolten.

A 1532. hat man denen Kloſterfrauen, an Brenn- und Schleißholz 130. Meß bewilliget. Und eben ſo viel in denen folgenden Jahren 1536 und a. 1537.

A. 1534. hat der Gerichtſchreiber Michael Kamerer geheiſſen.

A. 1543 Niclaus Wölckenſtein hat ſich bey dem Frauenkloſter zu Pillenreuth einkauffen und daſelbſt wohnen wollen. Der Rath hat ihm dieſes als einem falliten verbotten, den 6. Auguſt.

A. 1545. den 12. Iunii hat das Convent, dem Vicario in Kornburg für die 8. Pfund, ſo ſie ihm jährlich, wegen Abgang der von Pillenreuth ehehin gezogenen Intraden, bezahlen muſten, 22. fl. in ſchwerem Geld bezahlet, und ihr Kloſter damit gelediget. Dafür hat ſich der damalige Vicarius Chriſtof Sachß, eine Studierſtube erbauen laſſen. vide §. 8.

A. 1547. d. 15. Martii, ſind 20. Reuter bey dem Kloſter einquartiret worden. Die Kloſterfrauen haben den Rath um Schutz und Abwendung ſolcher Beſchwerlichkeit, angerufen. Allein, der Rath ließ ihnen bedeuten, wie ſie dieß nicht

nicht wenden könnten, solten sich darum gedulten, den Reutern proviant und gute Worte geben, es würde dieser Zuspruch nicht lange werden.

A. 1553. den 21. Februarii wurde befohlen, den Nonnen, welche noch in der Stadt wohnen, Brennholz zu ihrer Nothdurft verfolgen zu lassen, weil man ihnen solches auch ins Kloster geben muste.

A. 1566. den 2 VIIIbris ergieng Befehl an die Klosterfrauen ihre Hofhaltung zu Pillenreuth abzuschaffen, woraus aber nichts worden ist.

A. 1577. ☿ den May ist Christof Füchhel Gerichtschreiber zu Wendelstein, durch den Richter und Schöpfen zu einem Gerichtschreiber nach Pillenreuth angenommen worden.

A. 1583. ward das Gericht an Walburgis verneuert.

A. 1585. den 15. May ist eine Gerichtswahl gehalten worden, und ist das Gericht mit diesen Personen besetzet gewesen: Hannß Heyden, Richter. Schöpfen: 1. Melchior Reischel, Wirth zu Wozelndorf. 2. Friederich Reinhard. 3. Hannß Kühn. 4. Niclas Amann von Herpersdorf. 5. Georg Hegne von Gaulnhofen. 6. Hannß Braun von Wozelndorf. 7. Hannß Stadel von Herpersdorf. 8. Hannß Peringer von Wozelndorf. 9. Cunz Schober von Herpersdorf. Christof Fickel, Gerichtschreiber.

A. 1591.

A. 1591. den 4. Nov. ist die letzte Rüeg zu Pillenreuth gehalten worden. Ruegs-Herren: Hannß Praun, Hannß Kienl von Kilndorf. Ist fürkommen, wie Veit zu Wozelndorf, Spielleut halte, mit Lichtern hin und her laufe, daran eine Gemeine grosse Beschwernis hat, ist gestraft dem Gericht 60. Pfenning, der Herrschaft 1. Ort.

Ausser dem grossen Grabstein der ersten Pröbstin, hat sich noch ein anderer entdecket, auf welchem ein Kelch eingehauen ist.

A. 1627. hat Bischof zu Eychstädt die restitution des Klosters sehr betrieben, aber dasselbige nicht erlangen können. Siehe Car. Carafa in Commentariis de Germania sacra restaurata. p. 302.

§. 44.

Verzeichnis der Pillenreuther Herren Pflegere.

1. Conrad Groß — — — — — — 1345.
2. Heinrich von Kronach — — — — 1356.
3. Berthold Haller — — — — — — 1363.
4. Hannß Ebner — — — — — — 1376.
5. Niclaus Musel — — — — — — 1397.
6. Ulrich Haller — — — — — — 1437.
7. Hieronymus Kreß — — — — — 1451.
8. Conrad Paumgartner — — — 1453.
9. Carl Holzschuher — — — — — 1464.

10. Andreas Tucher - - - - - - 1466.
11. Hannß Tucher - - - - - 1480.
12. Gabriel Holzschuer - - - - 1491.
13. Hieronymus Schürstab - - - 1494.
14. Martin Geuder - - - - - 1514.
15. Hannß Imhof - - - - - - 1517.
16. Christof Kreß - - - - - - 1532.
17. Leonhard Tucher - - - - - 1535.
18. Balthasar Dörrer - - - - 1562.
19. Hieronymus Paumgartner - - 1595.

Nachgehends, da dieses Pillenreuther Kloster, mit dem st. Claren-Kloster vermenget worden, so wird jenes nunmehro, neben diesem von einem durch einen hochlöblichen Magistrat der Stadt Nürnberg über beyde Klöster ernannten Herrn Pfleger, unter direction des jedesmaligen Herrn Duumviri verwaltet, und dieser Clöster Bestes und Aufnahm, rühmlichst besorget.

Druckfehler.

P. 13. lin. 7. illustratos, lies: *illustrator.*
P. 23. lin. 24. decuria, lies: *de curia.*
P. 26. lin. 5. pro, lies: *pro.*
P. 29. lin. 15. easdem, lies: *eiusdem.*
- - lin. 26. dominio, lies: *domino.*
P. 30. lin. 17. plenum, lies: *plenam.*
P. 31. lin. 12. nullam, lies: *nulla.*
- - lin. 29. 30. Canonice predicte, lies: *Canonici predicti.*
P. 32. lin. 5. rumpantur, lies: *rumpatu.*
- - lin. 13. 14. confirmacionis, lies: *confirmacione.*